Sönke Zankel / Niklas Günther

Religionsdidaktik in Übersichten

Ein Überblick für Studierende, Referendare und Lehrkräfte

Mit Grafiken von Jana Prochnow

Vandenhoeck & Ruprecht

Mit 35 Abbildungen

Bibliografische Information der Deutschen Nationalbibliothek

Die Deutsche Nationalbibliothek verzeichnet diese Publikation in der
Deutschen Nationalbibliografie; detaillierte bibliografische Daten sind
im Internet über http://dnb.d-nb.de abrufbar.

ISBN 978-3-525-70221-5

Weitere Ausgaben und Online-Angebote sind erhältlich unter: www.v-r.de

Umschlagabbildung: © Jana Prochnow

© 2017, Vandenhoeck & Ruprecht GmbH & Co. KG, Theaterstraße 13, D-37073 Göttingen /
Vandenhoeck & Ruprecht LLC, Bristol, CT, U.S.A.
www.v-r.de
Alle Rechte vorbehalten. Das Werk und seine Teile sind urheberrechtlich
geschützt. Jede Verwertung in anderen als den gesetzlich zugelassenen Fällen
bedarf der vorherigen schriftlichen Einwilligung des Verlages.
Printed in Germany.

Satz: SchwabScantechnik, Göttingen
Druck und Bindung: ⊕ Hubert & Co GmbH & Co. KG,
Robert-Bosch-Breite 6, D-37079 Göttingen

Gedruckt auf alterungsbeständigem Papier.

Inhalt

Warum Religionsdidaktik in Übersichten? 5

1 Religionsunterreiten 7
    a. Fünf Grundsätze für die Lehrkraft im Fach Religion 7
    b. Unterrichtsvorbereitung konkret 11
    c. Elementarisierung als Vorbereitungsmodell 14

2 Rahmenbedingungen 16
    a. Schülerinnen und Schüler: gesellschaftliche Veränderungen – religiöse Sozialisation 16
    b. Schülerinnen und Schüler: entwicklungspsychologische Ansätze 19
    c. Religionslehrkräfte: eigene Religiosität im Blick – professionelle Kompetenzen 24
    d. Religionsunterricht: klassische Konzeptionen – aktuelle Diskurse 28
    e. Religionsunterricht: rechtliche Grundlagen 32

3 Fachdidaktisches Praxiswissen 35
    a. Motivation von Schüler/innen und Lehrkräften 35
    b. Kompetenzorientierter Religionsunterricht 38
    c. Heterogenität im Religionsunterricht 41
    d. Medien im Religionsunterricht 45
    e. Theologische Gespräche führen 48
    f. Leistungen bewerten 52
    g. Außerschulische Lernorte 55
    h. Religionsunterricht in der Oberstufe 59
    i. Perspektiven erweitern: Religionsunterricht, Schulkultur und Gesellschaft 63

4 Handlungsfeld Religionsunterricht 66
    a. Biblische Texte verstehen und deuten 66
    b. Ethische Entscheidungssituationen wahrnehmen und
       begründet handeln 72
    c. Religionen in der Gesellschaft: respektvolle Kommunikation –
       begründete Auseinandersetzung 76
    d. Kirche in Geschichte und Gegenwart: historische Erzählungen
       kennen und hinterfragen 80
    e. Den Menschen im Blick: Grundfragen des Lebens 83

5 Methoden im Religionsunterricht 86
    a. Wortbilder 86
    b. Innere Stimmen 89
    c. Interviewmethode 93
    d. Standbilder 96
    e. Bibeltexte gestalten 99
    f. Dialog mit der Bibel 102
    g. Västerås-Methode 105
    h. Erzählen im Religionsunterricht 108
    i. Projekte und Projektarbeit im Religionsunterricht 111
    j. Concept Maps 115

6 Guter Religionsunterricht 118

Nachwort 121

Literatur 122

Warum Religionsdidaktik in Übersichten?

Zur Einführung

Viel ist über die Religionspädagogik und -didaktik geschrieben worden. Es gibt mehrere ausgezeichnete Überblickswerke, bspw. das Religionspädagogische Kompendium (Rothgangel u. a., 2013). So kann man sich die Frage stellen: Warum ein weiteres?

Dieses Buch hat einen anderen Ansatz. Es ist kein umfassendes Werk, das den Anspruch erhebt, alle Fragen der Religionspädagogik und des Religionsunterrichts zu beantworten. Das kann es nicht und so darf es auch nicht gelesen werden. Dieses Buch soll vielmehr als Ausgangspunkt genommen werden. Als Lehrkraft kann man hierauf aufbauen, um in die Tiefe der jeweiligen Themen und Fragen zu gehen.

Es soll insofern eine Einführung sein, die einen schnellen Überblick über die Religionsdidaktik ermöglicht. Jedes Thema wird kurz und bündig dargestellt. Passend dazu findet sich jeweils eine Visualisierung. So kann es jedem leicht gelingen, wesentliche Aspekte zu dem entsprechenden Thema schnell zu erfassen.

Wir sind überzeugt, dass ein solches Einstiegswerk den Praktiker/innen und denen, die es werden wollen, helfen kann, den Alltag besser zu meistern. Sie haben knapp 30 Stunden zu unterrichten, das in mindestens zwei Fächern, dazu kommen noch andere schulische Aufgaben; denn: Schule ist mehr als Unterricht. Da bleibt gerade am Anfang in der Regel nicht umfassend Zeit, alle Facetten der Disziplin gründlich zu erarbeiten. Dies gilt umso mehr, wenn das Fach Religion fachfremd unterrichtet wird. Die Praxis zeigt, dass ein solch knapper Überblick durchaus helfen kann.

Die Quellennachweise wurden aufgrund der Textform in aller Regel nur bei direkter Zitation vorgelegt. Da sich die Texte als Einführung verstehen, ist neben einem allgemeinen Teil jeweils noch ausgewählte weiterführende Literatur thematisch geordnet im Literaturverzeichnis zu finden.

Neben den großen Themenfeldern, die in vier Kapiteln ausgebreitet werden, finden sich auch zehn Methoden für den Religionsunterricht. Wir haben uns entschieden, eine Auswahl zu treffen, die zum Teil kaum bekannte, aber äußerst bewährte Methoden erfasst. Alle Methoden eint, dass sie einen besonderen Zugang im Religionsunterricht ermöglichen.

Dass Religionsunterricht ein wichtiges Schulfach ist, wissen die erfahrenen Lehrkräfte schon lange. Dabei führen sie zu Recht die klassischen Argumente ins Feld: Der Religionsunterricht macht Orientierungsangebote, leistet einen wichtigen Beitrag zur Identitätsentwicklung der Schüler/innen und zur Auseinandersetzung um Fragen des Zusammenlebens – nicht nur von Religionen. Er führt ein in kulturelle und gesellschaftliche Zusammenhänge und trägt so zur Allgemeinbildung bei. Schließlich erweitert er die Urteilskompetenz der Lernenden in für die Gesellschaft bedeutungsvollen ethischen Fragestellungen.

Global betrachtet, nimmt die Bedeutung religiöser Bindungen und Fragestellungen zu, welche uns alle betreffen. So liegt eine überzeugende Begründungsfigur für den Religionsunterricht vor: einfach, weil es Religion(-en) in der Welt gibt.

Ein besonderer Dank gilt Tine Günther, Thorsten Dittrich, Professor Dr. Christoph Th. Scheilke und Rainer Scholz für das Lesen des Manuskripts, für vielfältige Hinweise sowie weiterführende Kritik.

Besonders danken wir Jana Prochnow für die kreative zeichnerische Umsetzung der Texte in anschauliche Übersichten und ihren stets nachsichtigen Umgang mit unseren Änderungswünschen.

Niklas Günther und Sönke Zankel
Hamburg, im August 2016

1 Religionsunterricht vorbereiten

a. Fünf Grundsätze für die Lehrkraft im Fach Religion

Die Anforderungen an die Religionslehrkräfte sind äußerst umfassend: Sie sollen sich in zahlreichen Bereichen fachlich fundiert auskennen, dabei nicht nur in den Feldern der christlichen Theologie – also im Bereich der biblischen, der historischen sowie der systematischen Theologie –, dazu in der Religionspädagogik und letztlich auch in Disziplinen wie der Psychologie oder Jugendforschung. Zudem sollen sie über entsprechende Kenntnisse in anderen Religionen und Weltanschauungen verfügen, dazu noch in Gebieten anderer Wissenschaften, bspw. in Fragen der Menschenrechte oder der Medien. Viele Themen der schulischen Lehrpläne, Curricula und Fachanforderungen werden jedoch im Studium der Religion bzw. der Theologie kaum oder gar nicht berührt.

Daher ist zu überlegen, wie man mit seinem Wissen und vor allem mit seinem Nicht-Wissen als Religionslehrkraft im Schulalltag umgeht. Dafür ist als erstes eine Erkenntnis wichtig: Die Grenzen des eigenen Wissens müssen als solche erkannt werden. Denn wer erkannt hat, dass man selbst nicht alles weiß, unterrichtet anders.

Versucht man dies und die veränderten Rahmenbedingungen der sich wandelnden Gesellschaft (siehe Kap. 2.a) hinsichtlich der menschlichen Grundfragen zu bündeln, dann ergeben sich einige grundlegende Punkte. Dabei geht es nicht darum, alle perfekt und jederzeit umzusetzen, das würde uns im Alltag berechtigterweise überfordern. Dennoch sollten uns diese grundlegenden Punkte als Orientierung, als Grundsätze dienen:

1. Recherchieren, Kommentare lesen, prüfen, zweifeln

Fehlende Wissensbestände haben wir alle und werden sie immer haben. Sie sollten aber eines zur Folge haben: Religionslehrkräfte sollten versuchen, sich hinsichtlich der jeweiligen Themen fachlich kundig zu machen. Sie sollten bspw.

davon ausgehen, dass sich ein komplexer neutestamentlicher Text nicht sofort erschließen lässt. Besser ist es, man geht von der Prämisse des Textes aus: Versteh' mich nicht zu schnell!

Daher sollten z. B. vorhandene Deutungsentwürfe und Kommentare gelesen werden. Nun ist dies bei bisweilen 30 Stunden Lehrdeputat kaum umfassend möglich. Es ist aber wichtig, entsprechende Kapitel in Überblickswerken zu lesen, die einen guten sowie schnellen Einblick geben und vieles schon für Religionslehrkräfte erschlossen und aufgearbeitet haben (siehe Kap. 1.b).

2. Inhalt vor Methode

Das heißt zugleich, dass es im Religionsunterricht (wie in allen anderen Fächern auch) zumeist erst einmal auf den Inhalt ankommt, der zu klären ist. Dazu kommt die Frage, was von diesem Fachinhalt für den Unterricht relevant ist: Was sollen die Schüler/innen lernen? Was sollen sie am Ende der Stunde oder der Unterrichtseinheit können bzw. besser können als zuvor? Welche menschliche Dimension sollen sich die Schüler/innen (theologisch) erschließen? Erst an zweiter Stelle steht – zumindest in aller Regel – die Frage der Unterrichtsmethodik. Zusammengefasst gilt: Die Unterrichtsmethode ist nur Mittel zum Zweck, nämlich einen bestimmten Inhalt bzw. eine Kompetenz zu vermitteln.

3. Schule ist mehr als Unterricht

Wir Lehrkräfte sollten uns nicht damit zufriedengeben, unseren Unterricht bestmöglich zu gestalten, denn Schule ist mehr als Unterricht. Wir verstehen uns – gerade als Religionslehrkraft – zugleich auch als jemanden, der für die Schüler/innen da ist, gerade wenn sie in Not sind, Schwierigkeiten haben. Dies ist nicht gleichbedeutend mit der Übernahme therapeutischer Aufgaben. Es geht vielmehr um das Zuhören, um das Nachfragen, um Aufmerksamkeit, das Beachten des Anderen und ggf. auch um die Weitervermittlung an Experten, wenn die Schwierigkeiten groß sind.

Zugleich ist die Religionslehrkraft ein Teil der Schulgemeinschaft. Das bedeutet: Zur Profession gehört, nicht nur zu unterrichten, sondern ebenso die Schulgemeinschaft mitzugestalten und mitzuentwickeln (siehe Kap. 3i). Die Schulgemeinschaft wiederum ist ein Teil der Gesellschaft, die wiederum ein Teil der Welt ist. Das heißt, das Ziel sollte sein, nicht nur zur Gestaltung dieser Bereiche (im Kleinen) beizutragen, sondern sich auch als einen Teil davon zu verstehen. Das bedeutet, dass wir uns in unserem Religionsunterricht den gesellschaftlichen Veränderungen und Herausforderungen stellen sowie mit ihnen auseinandersetzen sollten. Dies kann auch in einem gemeinsamen Handeln von Lehrkräften und Schüler/innen münden, bspw. bei einem gemeinsam gestalteten Vorhaben.

4. Offenheit gegenüber anderen Meinungen und Religionen

Die Bewertung gesellschaftlicher Fragen hat kein vorab feststehendes Ergebnis; die Konsequenzen der Lernenden können sehr heterogen sein. Das heißt eben auch, dass kein wie auch immer geartetes Bewerten oder gar Handeln als das einzig moralisch »Richtige« gesetzt werden sollte. Eine Ausnahme stellen hier die Grundrechte des demokratischen Staates dar.

Diese Offenheit ist zugleich auch gegenüber den anderen Religionen sowie gegenüber Atheisten eine zwingende Voraussetzung. Im Religionsunterricht darf es nicht um das Aufzwingen einseitiger Glaubensvorstellungen oder um Überwältigung gehen. Vielmehr geht es um Verstehensprozesse, bspw. um den (Anders-)Gläubigen zu verstehen. Ziel sind daher Reflexionsprozesse, die nur multiperspektivisch und damit plural sein können.

5. Lebenslanges lernen

Die ständige und sich immer schneller wandelnde Welt sowie die anfangs erwähnten Grenzen unseres Wissens haben zur Folge, dass Religionslehrkräfte sich fortwährend weiterentwickeln sollten. Wichtig ist dabei, sich nach und nach die zahlreichen Themen zu erschließen. Das kann durchaus positiv verstanden werden: Im Religionsunterricht wird es nicht langweilig, auch nicht für die Lehrkräfte.

Die genannten Grundsätze und damit verbundenen Herausforderungen sind nicht als Belastungen zu verstehen, auch wenn sie das selbstverständlich immer wieder sein mögen. Sie sind aber vor allem Möglichkeiten, bereichernde Situationen im Religionsunterricht zu erleben und damit berufliche Zufriedenheit zu erreichen.

Fünf Grundsätze für die Lehrkraft im Fach Religion

b. Unterrichtsvorbereitung konkret

Wie in den Grundsätzen für den Religionsunterricht dargelegt wurde, liegt eine zentrale Herausforderung für Religionslehrkräfte darin, wie mit der Themenvielfalt und damit mit der Komplexität und in letzter Konsequenz mit unseren Grenzen des Wissens in diesen Feldern umgegangen werden kann. Dabei ist es kein Problem, dass die Lehrkraft sich vor den jeweiligen Unterrichtseinheiten wenig in den entsprechenden Themen auskennt. Wichtig ist vielmehr, dies zu ändern.

Grundsätzlich gilt bei der Planung der zweite Grundsatz: Inhalt vor Methode (siehe Kap. 1.a). Folglich muss die Lehrkraft als erstes das Thema für sich erschließen, es zweitens didaktisch reduzieren und herausarbeiten, was daran für die Schüler/innen wichtig ist (»Transformation und Reflexion des Inhalts in Bezug auf die Schülerinnen und Schüler«, Zimmermann, 2006, S. 417). In einem dritten Schritt ist zu erschließen, wie, also mit welcher Unterrichtsmethode, die Lehrkraft die Schüler/innen anregen will, sich die entsprechenden Inhalte und Kompetenzen anzueignen.

Für die Erschließung der Themen ist der erste Grundsatz, zu recherchieren, Kommentare zu lesen, zu prüfen, zu zweifeln. Die Lehrkraft braucht Zeit, um sich bspw. biblische Texte zu erschließen. Da die Vorbereitungszeit oft (zu) knapp ist, bieten sich kurze Kommentare bzw. didaktische Überblicksdarstellungen an. Überaus hilfreich für die biblischen Texte sind Bibelausgaben mit Kommentaren wie z. B. die »Stuttgarter Erklärungsbibel« (2007) oder das »Stuttgarter Alte und Neue Testament« (2004). Darüber hinaus sind besonders empfehlenswert die Bände der Reihe »Theologie für Lehrerinnen und Lehrer«: Theologische Schlüsselbegriffe (Bd. 1), Elementare Bibeltexte (Bd. 2), Kirchengeschichtliche Grundthemen (Bd. 3), Ethische Schlüsselprobleme (Bd. 4) und Christentum und Religionen elementar (Bd. 5). Im Alltag helfen diese Bände sehr, sich effizient und dennoch angemessen auf den Unterricht vorzubereiten.

Bei der Themenauswahl sind selbstverständlich die curricularen Vorgaben (auch schulintern) zu beachten. Zudem ist es sinnvoll, sich an den Interessen der Schüler/innen zu orientieren, diese ggf. vorher erfragen. Dies gilt insbesondere dann, wenn die Lehrpläne und Richtlinien einen großen Gestaltungsspielraum ermöglichen. Zuletzt sollte auch darauf geachtet werden, ob es aktuelle Ereignisse gibt, die das jeweilige Thema oder einen entsprechenden Schwerpunkt notwendig werden lassen.

Sinnvoll bei der Planung ist darüber hinaus das Denken in Unterrichtseinheiten statt in Einzelstunden – auch wenn in vielen Bundesländern im Referendariat vor allem die Einzelstunde abgeprüft wird.

Die Kompetenzen oder Lernziele sollten für die ganze Unterrichtseinheit definiert und zugleich auch den Schüler/innen transparent gemacht werden. Das heißt, am Beginn der Einheit wissen die Schüler/innen, worauf es im Folgenden ankommt, was sie lernen und anschließend können sollen. Dies können einerseits konkrete Wissensbestände sein, ebenso aber auch (ggf. fachübergreifende) Kompetenzen. Modernere Schulbücher für den Religionsunterricht bieten dafür gute Beispiele und Anhaltspunkte (»Du kannst am Ende des Unterrichtseinheit …«).

Am Ende der Einheit kann dann einerseits abgefragt werden, ob die Schüler/innen nach ihrer Selbsteinschätzung meinen, die einzelnen Aspekte tatsächlich gelernt zu haben. Man kann sie dies auch fragen, ohne ihnen abermals die Lernziele und Kompetenzen zu zeigen, und dann beides vergleichen: Darauf wollte man als Lehrkraft hinaus, das meinen die Schüler/innen nun gelernt zu haben bzw. zu können. Sinnvoll ist es zudem gerade im Sinne der Kompetenzorientierung (siehe Kap. 3.b), das Gelernte auf neue Kontexte und Anforderungssituationen anzuwenden und damit zugleich zu wiederholen, um zumindest im Ansatz zu überprüfen, ob das Gelernte tatsächlich gelernt oder gekonnt wird (siehe Kap. 3.f). Im Bestfall führt dies zum Kompetenzerleben der Schüler/innen und hat damit auch positive Auswirkungen auf die Motivation (siehe Kap. 3.a).

Unterrichtsvorbereitung konkret

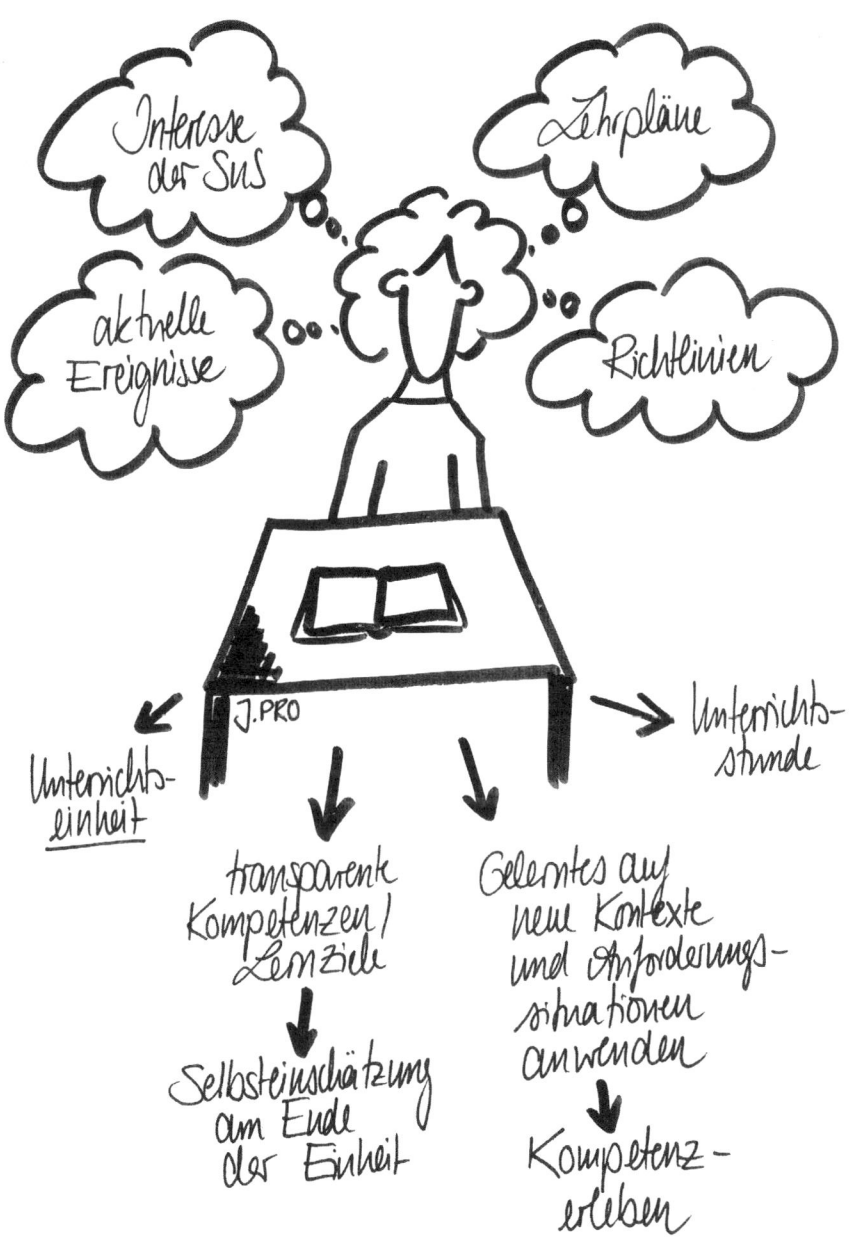

c. Elementarisierung als Vorbereitungsmodell

Das Modell der Elementarisierung (nach Nipkow, Schweitzer u. a.) fragt nach dem »Grundlegenden« und eignet sich für die Planung und Vorbereitung von Religionsunterricht und deren methodischen Entscheidungen – insbesondere wenn biblische Texte Gegenstand des Unterrichts sind.

Ausgehend von vier Dimensionen werden konkrete Aspekte des Unterrichtsgegenstands herausgestellt:

1. Elementare Strukturen
Was ist der »Sache Kern« (Schweitzer, S. 15, 2003)? Ein Unterrichtsthema muss von der Lehrkraft wissenschaftlich (exegetisch, historisch-kritisch) durchdrungen sein und zugleich nach seiner Bedeutsamkeit befragt werden:
- konstitutive und charakteristische Elemente
- Aufbau des Textes, Schwerpunkte
- historische und sozialgeschichtliche Hintergründe
- Grundthema

2. Elementare Erfahrungen
Was sind die elementaren Erfahrungen der Schüler/innen? Welche Erfahrungen der Lernenden sind für den zu bearbeitenden Inhalt relevant, welche Verknüpfungen können sich ergeben? Wie relevant ist das Thema für das Leben heute?
- Gemeinsamkeiten der Erfahrungen von damals und heute
- Vorwissen der Schüler/innen
- Lebenssituation der Schüler/innen

3. Elementare Anfänge bzw. Zugänge
Was sind die individuellen Wahrnehmungs-, Denk- und Handlungsformen der Mädchen und Jungen in ihrem Alter? Hier kann die Lehrkraft entwicklungspsychologische Theorien als Orientierung heranziehen (siehe Kap. 2.b), aber auch auf Erfahrungen und Beobachtungen der Lerngruppe (siehe Kap. 3.c) zurückgreifen.
- individuelle Verstehensvoraussetzungen
- voraussichtliche Verständnisschwierigkeiten

4. Elementare Wahrheiten
Diese Dimension zielt auf eine theologische Auseinandersetzung mit Glaubensgewissheiten und soll die religiöse Urteils- und zugleich Dialogfähigkeit der Schüler/innen erweitern. Wie kann es also gelingen, unter Beachtung der

vorangegangenen Fragestellungen, Unterrichtsgespräche über tradierte Gewissheiten und eine kritische Auseinandersetzung mit diesen anzuregen, aber auch eine gedankliche Auseinandersetzung der Lernenden zu erreichen?
- Glaubwürdigkeit der Aussage des Textes
- Wahrheitsfrage und Zweifel
- Urteil der Schüler/innen

Neben diesen vier Dimensionen kann abschließend als fünfte die Frage nach elementaren Lernwegen gestellt werden:
Welche Methode eignet sich am besten, diesen Aspekten und den Ergebnissen der Elementarisierung gerecht zu werden (siehe Kap. 5)?

Elementarisierung als Vorbereitungsmodell

2 Rahmenbedingungen

a. Schülerinnen und Schüler: gesellschaftliche Veränderungen – religiöse Sozialisation

Die bis in die 1990er-Jahre hinein bestimmende These einer Säkularisierung, eines Verschwindens von Religion in der Gesellschaft allgemein aufgrund vorherrschender Technik-, Wissenschafts- und Machbarkeitsgläubigkeit, hat sich nicht durchgängig bewahrheitet. Ein konstantes Interesse an Religionen im Allgemeinen, eine Toleranz gegenüber dem Glauben und eine grundsätzliche Bejahung der Institution Kirche bzgl. ihrer sozialen Rolle ist bei Kindern und Jugendlichen in Deutschland bestehen geblieben (17. Shell-Jugendstudie, 2015).

Da Schüler/innen »Dreh- und Angelpunkt« (Schröder, 2012, S. 570) des Religionsunterrichts sind, lohnt sich für die Planung und Durchführung ein Blick auf soziologische und entwicklungspsychologische (siehe Kap. 2.b) Befunde. In soziologischer Richtung ist im Hinblick auf Jugendliche und ihre Lebenswelten ein Erfahrungswandel beobacht- und leicht erkennbar, den Thomas Ziehe (Ziehe, 2013) im Wesentlichen in drei Dimensionen nachzeichnet:

1. Globalisierung:
Der Fokus, mit dem Kinder und Jugendliche die Welt wahrnehmen können, ist in der globalisierten, in der einen Welt ein größerer geworden. Das Geschehen in der Welt kann jederzeit und sofort in (digitalen) Medien wahrgenommen werden. Krisen, Not und Elend können wesentlich direkter erscheinen, Chancen und Risiken für das eigene Leben sind präsenter. Dadurch ergeben sich neue Perspektiven. Gleichwohl kann sich eine gewisse Überforderung und Orientierungsschwäche einstellen.

2. Pluralisierung/religiöse und weltanschauliche Vielfalt:
In religiöser Hinsicht ergibt sich in der pluralen Gesellschaft für Jugendliche leichter als je zuvor die Gelegenheit und Herausforderung, die Ansichten und Perspektiven verschiedener Weltanschauungen und Religionen, aber auch nicht-

religiöser, atheistischer Positionen zu erleben und nebeneinander zu stellen. So entstehen neue Sichtweisen und Denkrichtungen, auch wenn es die Entscheidungen für eine Perspektive, so diese nötig erscheint, schwieriger macht.

3. Individualisierung und Kontingenz (»Nichtfestigkeit«):
Mit diesem Begriffspaar ist Bezug nehmend auf die in 1. und 2. nachgezeichneten Veränderungen zusammenfassend gemeint, dass das Aufwachsen im Vergleich zu früheren Generationen für Jugendliche heute durch eine nachlassende Verlässlichkeit und Übersichtlichkeit geprägt ist: »Alles könnte auch ganz anders sein!« Die von Kindheit an prägende »fluide Alltagskultur« (Ziehe, 2013) strengt Kinder und Jugendliche in ihrer Entwicklung an, da sie Zweifel und mitunter Orientierungslosigkeit entstehen lässt. Die Situation einer gegenwärtigen individuell empfundenen Entstrukturierung weckt das Bedürfnis nach neuen Strukturen, die aber im Gegensatz zu früheren Generationen stärker individuell zu erschaffen sind. In dem sich daraus ergebenden individuell präferenz-orientierten Alltag bilden sich Eigenwelten der Jugendlichen (»mein Ding«), die als überlebensnotwendige »Egotaktik« (Grethlein, 2005, S. 221) eine ständige Rückversicherung durch andere nötig machen. Stärker als zuvor müssen also Kinder und Jugendliche die in einem Popsong aufgeworfenen Fragen »Wovon sollen wir träumen? Woran können wir glauben?« für sich beantworten. Denn: Wem alles gleich gültig ist, droht die Gefahr, allem gleichgültig gegenüber zu stehen. Ziehe beschreibt diese Entwicklungsaufgabe, die eine stete Selbstbetrachtung und weniger den Blick nach außen zur Folge hat, so: »Die Innenbeleuchtung ist stets eingeschaltet« (Ziehe, 2013)

Schülerinnen und Schüler: gesellschaftliche Veränderungen –
religiöse Sozialisation

b. Schülerinnen und Schüler: entwicklungspsychologische Ansätze

Die einstige Euphorie über entwicklungspsychologische Erkenntnisse hinsichtlich Gottesvorstellungen und Glaubensaussagen ist mittlerweile etwas abgeklungen. Einzelne Postulate werden eher kritisch reflektiert, neuere Paradigmen entfaltet und diskutiert. Konzepte wie die des Theologisierens zeigen deutlich auf, wie heterogen theologische Konstrukte bei Schüler/innen gleicher Altersstufen sein können. Dennoch lohnt sich die Beschäftigung mit zwei klassischen Stufenkonzepten, weil sie als modellhafte Darstellungen durchaus für die Unterrichtsvorbereitung hilfreich sein können, um eine Überforderung der Lernenden zu vermeiden und Diskussionen im Vorfeld besser antizipieren zu können. Hans Mendl spricht in diesem Zusammenhang von der nötigen entwicklungspsychologischen Pünktlichkeit, d.h. inhaltlichen Passung des Religionsunterrichts (Mendl, 2012, S. 33).

Das Stufen-Konzept zur Einschätzung der Handlungs- und Einflussmöglichkeiten eines (transzendenten) Ultimaten bzw. Letztgültigen nach Oser und Gmünder

Der schweizer Piaget-Schüler Fritz Oser entwickelte in den 1980er-Jahren mit Paul Gmünder ein Stufenmodell zum religiösen Urteil von Kindern, indem er ihnen Dilemma-Geschichten vorlegte. Dabei entstand ein Verlaufsmuster, dem Kinder, Jugendliche und Erwachsene in ihren Glaubensüberzeugungen chronologisch und unumkehrbar zu folgen schienen. Zwischen den einzelnen Stufen identifizierten Oser und Gmünder jeweils Stufenübergänge. Durch die Bezeichnung des »Ultimaten« oder des »Letztgültigen« vermieden sie eine Einschränkung auf eine christlich personale Gottesvorstellung.

Stufe 1: Perspektive des »Deus et machina«
Kinder der unteren Grundschuljahrgänge sind dieser Phase zuzuordnen. Ein allmächtiger Ultimat übt Einfluss auf die Welt aus. Der Mensch kann nur reagieren.

Stufe 2: »Do ut des«-Perspektive
Spätestens gegen Ende der Grundschulzeit nimmt die eigene Handlungsfähigkeit und deren Wirksamkeit in der Vorstellung der Kinder zu. Es gibt nun Mittel, den Ultimaten zu beeinflussen.

Stufe 3: Perspektive der »absoluten Autonomie und des Deismus«
In dieser Phase sehen Oser und Gmünder Schüler/innen der 5.–10. Klassen der weiterführenden Schulen. Diese trennen strikt eine Sphäre des Religiösen von einer Sphäre der Welt. Letztere ist ausschließliches Einflussgebiet des Menschen, woraus durchaus eine Überforderung des Menschen, Fatalismus oder Zynismus resultieren kann.

Stufe 4: Perspektive der religiösen Autonomie und des Heilsplanes
Lernende der oberen Klassen der Gymnasien und Berufsschulen entwickeln nach Oser und Gmünder eine Perspektive der Versöhnung von Letztgültigem und der Welt.

Stufe 5 und 6 spielen für den Religionsunterricht keine wesentliche Rolle, da die in ihnen beschriebene religiöse Perspektive sich durch eine Verschmelzung von Transzendenz und Immanenz religiös herausragender Persönlichkeiten auszeichnet, die mutmaßlich nur eine kleine Minderheit der Schüler/innen erreicht.

Die Glaubensentwicklungstheorie James Fowlers

Ebenfalls in der Tradition Piagets entwickelte der amerikanische Theologe James Fowler in den 1980er-Jahren seine Stufentheorie zur Entwicklung des Glaubens, die in einer Querschnittstudie durch Interviews entstand.

Stufe 1: Der intuitiv-projektive Glaube
Diese Phase umfasst nach Fowler die Lebensjahre 2–7, in der bspw. Rituale Grundlagen für den Glauben schlechthin schaffen.

Stufe 2: Der mythisch-wörtliche Glaube
Schülerinnen und Schüler in dieser Phase findet Fowler in den ersten Grundschuljahren. Interpretationen folgen hier dem Wortsinn, Symbole werden eindimensional gedeutet.

Stufe 3: Der synthetisch-konventionelle Glaube
In der Phase der Pubertät spielt das soziale Umfeld (und dessen Konventionen) eine entscheidende Rolle bei der Entwicklung der Glaubensidentität. Etwaige differierende oder konträre Bestandteile werden synthetisch zu einer Einheit zusammengesetzt. In dieser Phase sieht Fowler Jugendliche, aber auch darin verharrende Erwachsene.

Stufe 4: Der individuierend-reflektierende Glaube
In dieser Phase nach der Pubertät entwickelt sich ein individueller Lebens- und Glaubensstil, der eine grundsätzliche Relativierung bis hin zur Verabschiedung von Autoritäten und eine Entmythologisierung vorsieht.

Stufen 5 und 6: Hochformen des Glaubens
Stufen 5 und 6 werden nach Fowler nur von wenigen Erwachsenen erreicht. In den in dieser Phase vorliegenden Glaubenskonstrukten verbinden sich Fremd- und Eigenperspektive von Religionen autonom bzw. integrativ zu einer Form der Allversöhnung.

Schülerinnen und Schüler: entwicklungspsychologische Ansätze
Das Stufen-Konzept nach Oser und Gmünder

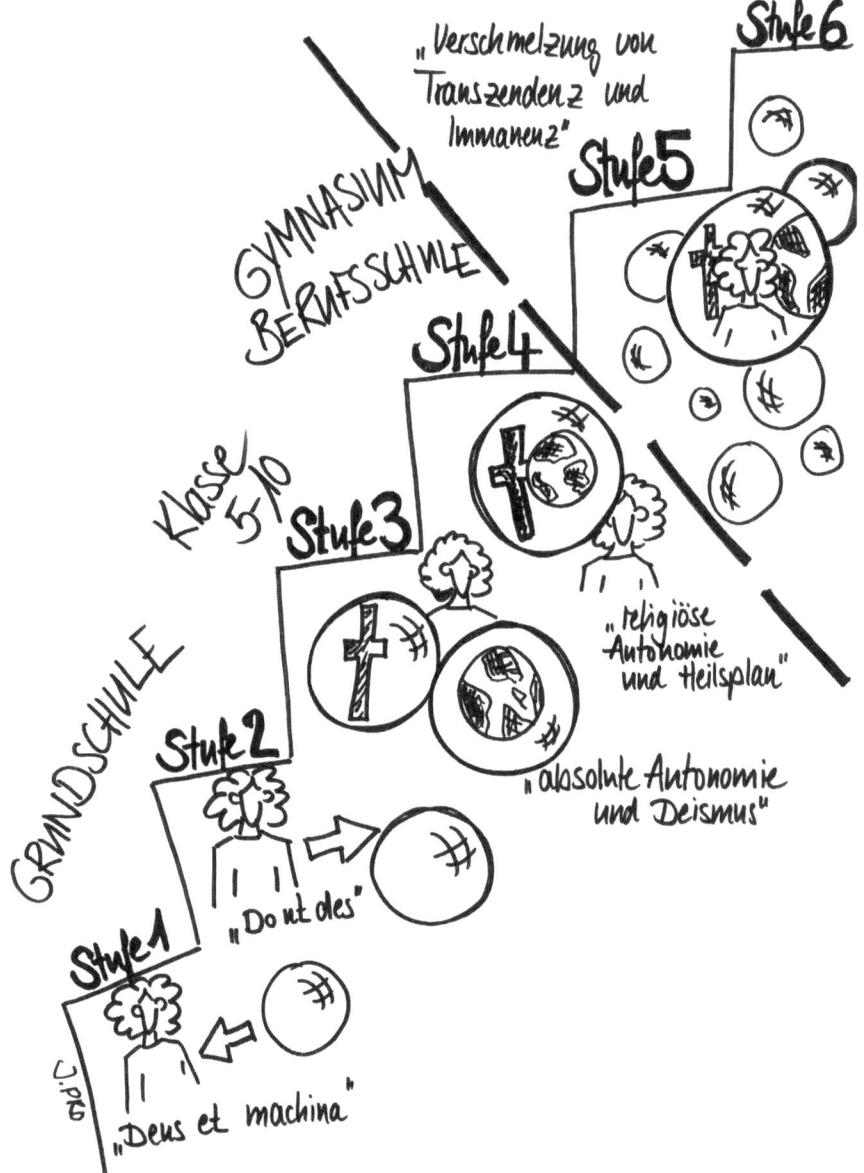

Schülerinnen und Schüler: entwicklungspsychologische Ansätze
Die Glaubensentwicklungstheorie James Fowlers

c. Religionslehrkräfte: eigene Religiosität im Blick – professionelle Kompetenzen

»Herr Link, nun mal ganz ehrlich: Sie glauben doch wohl nicht wirklich, dass Jesus diese ganzen Wunder bewirkt hat.« Diese lapidare Feststellung (und Frage), nach Stundenende formuliert von einem Schüler der siebten Klasse an seinen Religionslehrer, ist nicht einfach zu beantworten – schon gar nicht in der anstehenden 5-Minuten-Pause.

Rein fachlich bedarf es hier einer wissenschaftlich fundierten biblisch-exegetischen Perspektive. Auch fachdidaktisch bieten sich hier allgemein, besonders aber in entwicklungspsychologischer Hinsicht vielfältige Antwort- bzw. Deutungsoptionen. Je nach Verfassung kann die Lehrkraft in diesem Moment vielfältige Erwartungen an sich verspüren: in »symbiotischer Distanz« (Feige, 1988, S. 32) durch die Institutionen Staat und Kirche, von Schüler/innen, des Kollegiums, von Eltern, der Gesellschaft insgesamt und nicht zuletzt den Atem gewachsener religionspädagogischer Historie (die Religionslehrkaft als Kirchenmann, theologischer Fachmann, als Zeitgenosse und Anwalt der Schülerinnen und Schüler, als Moderator, als Therapeut ...). Zugleich kann sie diese für eine Antwort mitbedenken.

Das alles bliebe aber unpersönlich und nahezu mechanisch, wenn nicht die je eigene Glaubensbiografie der Religionslehrkraft ihren Niederschlag in einer Entgegnung finden würde. Und damit ist kein unprofessionelles, unreflektiertes Einbringen eigener Erfahrungen gemeint, sondern eine reflektierte Form, mit der eigenen glaubensbiografischen Prägung auch in religiöser Hinsicht umgehen zu können. Denn immer wieder geraten in einem besonderen Maße Religionslehrkräfte in Situationen, in denen sie ihren eigenen Erfahrungen und Positionen im Unterricht beggenen und in diesen herausgefordert werden. Wenn in diesen Momenten ein professioneller Umgang gelingt, bieten sich vielfältige Chancen für ein neues Verständnis und eine größere Offenheit im Unterricht. Dafür ist eine bewusste Auseinandersetzung mit den eigenen theologischen Prägungen und glaubensbiografischen Wendungen, ein »authentisches Positionieren« (Schröder, 2012, S. 569) von Nöten, das gleichwohl nie abgeschlossen ist. Auf die Lehrkraft kommt es also auch theologisch an!

Das Modell des religionspädagogischen Habitus

Eine gut nachvollziehbare Darstellung dieses Erwartungs- und Beziehungsgeflechts bietet das Modell des professionellen religionspädagogischen Habitus von Ziebertz und Mendl (2005). Die abgebildete berufsprofessionelle Reflexivität und damit Haltung (das meint der Begriff Habitus) entwickelt sich, wenn es Lehrkräften gelingt, in zweierlei Richtung Kompetenzen zu entwickeln und diese zugleich immer wieder zu reflektieren. Dieses geschieht einerseits in Hinsicht auf die:

1.) Handlungsstrukturen: Diese bestehen aus bereits erworbenen religionspädagogischen Handlungsroutinen und der Fähigkeit bzw. Bereitschaft Neues hinzuzulernen.

Andererseits werfen die Autoren den Blick auf die:

2.) Handlungsbedingungen: Diese wiederum setzen sich zusammen aus den Erwartungshaltungen von Schule und Kirche (hier wird auch die besondere doppelte institutionelle Bindung der Religionslehrkräfte deutlich), vor allen Dingen aber den Prägungen der Lehrkraft als individueller Persönlichkeit mit ihrer Lebens- und Glaubensgeschichte.

Wenn es der Religionslehrkraft in diesem Geflecht gelingt, die eigene Haltung immer wieder neu aus Bewährtem weiterzuentwickeln, kann gelebte Religion als Ressource und »religiöser Bildungsfundus« (Dressler, 2006, S. 108) für den Religionsunterricht wirksam werden.

Professionelle Kompetenzen

Die Evangelische Kirche in Deutschland (EKD) setzt jene Reflexionsfähigkeit der Lehrkräfte im Modell der von Religionslehrkräften zu erwerbenden professionellen Kompetenzen an die erste Stelle:
- »*Religionspädagogische Reflexionskompetenz*
    - Fähigkeit zur Reflexion der eigenen Religiosität und der Berufsrolle
    - Fähigkeit, zum eigenen Handeln in eine reflexive Distanz zu treten« (EKD, o. J., S. 28 f.)

In den Empfehlungen wird darüber hinaus durch insgesamt fünf grundlegende Kompetenzen mit zwölf Teilkompetenzen eine »theologisch-religionspädagogische Kompetenz« entfaltet, die Religionslehrkräfte im Studium, im Vorbereitungsdienst und in den Berufseingangsjahren erworben haben sollen. Hierzu zählen:
- »*Religionspädagogische Gestaltungskompetenz*
    - Fähigkeit zur theologisch und religionsdidaktisch sachgemäßen Erschließung zentraler Themen des Religionsunterrichts und zur Gestaltung von Lehr- und Lernprozessen
    - Erzieherische Gestaltungskompetenz
    - Fähigkeit zur religionsdidaktischen Auseinandersetzung mit anderen konfessionellen, religiösen und weltanschaulichen Lebens- und Denkformen

- Wissenschaftsmethodische und medienanalytische Kompetenz
- Religionspädagogische Methoden- und Medienkompetenz
– *Religionspädagogische Förderkompetenz* (Weiterentwicklung des Religionsunterrichts und des Schullebens)
  - Religionspädagogische Wahrnehmungs- und Diagnosekompetenz
  - Religionspädagogische Beratungs- und Beurteilungskompetenz
– *Religionspädagogische Entwicklungskompetenz*
– *Religionspädagogische Dialog- und Diskurskompetenz*
  - Interkonfessionelle und interreligiöse Dialog- und Kooperationskompetenz
  - Religionspädagogische Diskurskompetenz« (EKD, o. J., S. 20 f.)

Mit Lämmermann ist also festzustellen (Lämmermann, 2006, S. 394): »ReligionslehrerInnen sind die wichtigsten Integrationsfiguren für die gesellschaftliche und persönliche Wirkung von Religion.« Ob die Lehrkraft in ihren Äußerungen kompetent, authentisch und stimmig ist, wird von Schüler/innen vielleicht nicht sofort, bestimmt aber nachhaltig bemerkt. Trotz dieser Herausforderungen (oder gerade deshalb) stellen empirische Forschungsarbeiten immer wieder eine hohe Berufszufriedenheit und eine deutliche inhaltliche Ausrichtung an ihrer Klientel, den Schülerinnen und Schülern, fest (Übersicht in Grethlein, 2005, 194 ff.). Insofern dürfte auch Herr Link (s. o.) nicht sprachlos bleiben, wenn er im ersten Schritt eine Rückfrage (»Wie denkst denn du, dass diese Berichte entstanden sind?«) mit einem eigenen »Bekenntnis« verbindet.

Religionslehrkräfte: eigene Religiosität im Blick – professionelle Kompetenzen

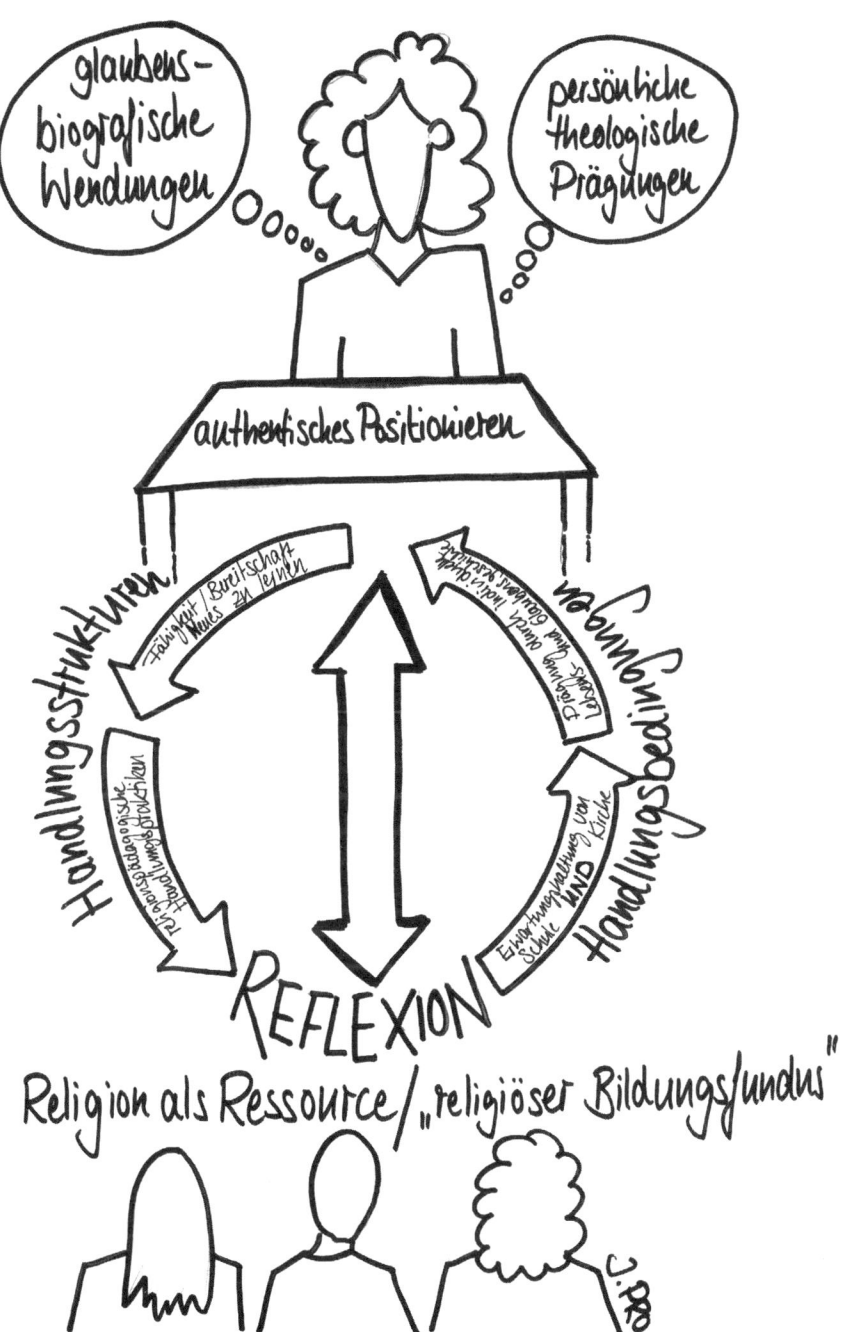

d. Religionsunterricht: klassische Konzeptionen – aktuelle Diskurse

Will man inhaltliche sowie didaktisch-methodische Entwicklungen des Religionsunterrichts bis heute verstehen und somit auch gegenwärtige Fachdiskurse nachvollziehen, lohnt der Blick auf die klassische Phasierung des Religionsunterrichts nach 1945. Gleichwohl sei darauf hingewiesen, dass es sich dabei um eine schematisierte Darstellung handelt. Weder kann die gesamte inhaltliche Breite der jeweiligen Konzeption und ihre zahlreichen Vertreter hier abgebildet werden, noch spiegelt die chronologische Einordnung die tatsächliche Umsetzung in der Praxis wider. Dennoch ergibt die Übersicht – bei aller, auch grundsätzlichen Kritik an einer rückblickenden Konzeptionalisierung – eine gute Verstehenshilfe für fachdidaktische Entwürfe von heute und morgen.

Konzeptionen des Religionsunterrichts seit 1945 bis heute

1. Die Idee der *Evangelische Unterweisung* nach Gerhard Bohne, Helmuth Kittel u. a., die den westdeutschen Religionsunterricht in den Jahren 1945–1960 maßgeblich prägte, trägt die inhaltliche Ablehnung eines Religionsunterrichts liberaler Ausrichtung und eines abstrakten Verständnisses von Religion bereits im Titel. Religion sollte nunmehr nicht gelehrt, sondern das Wort Gottes unmittelbar verkündigt werden. Dies sollte methodisch im Wesentlichen durch Singen, Beten und Erzählen geschehen. Ohnehin standen inhaltliche und nicht didaktische oder methodische Aspekte im Vordergrund: Die Schüler/innen sollten durch die Differenz von göttlichem, d. h. biblischem Wort und der tatsächlichen Lebenssituation herausgefordert werden. Diese Grundidee ließ jedoch die Fragestellungen der Lernenden außer Acht und beförderte programmatisch eine methodische Monokultur. Dennoch ist die inhaltliche Standfestigkeit und die Betonung einer ideologiekritischen Funktion des Religionsunterrichts besonders angesichts des Versagens von Kirchenleitungen und des Widerstands einiger Christen zwischen 1933 und 1945 hervorzuheben.
2. Das Konzept des *Hermeneutischen Religionsunterrichts* nach Gert Otto, Martin Stallmann u. a. weist 1960 zunächst eine Parallele zur Evangelischen Unterweisung auf: Auch hier steht die Bibel im Mittelpunkt. Allerdings verändert sich unter fachwissenschaftlichem Einfluss der historisch-kritischen Schule Bultmanns die Betrachtungsweise. Programmatisch wurde nun die »engagierte Interpretation der biblischen Tradition« (Rothgangel, 2012, S. 77), die kognitive Auseinandersetzung mit der Überlieferung durch

historisch-kritische Arbeit. Ebenso unterschied sich die Begründung des Faches Religion, die nun schultheoretisch und mit dem Christentum und seiner Tradition als kulturellem Erbe – nicht mehr mit dem Glauben – als Bezugsgröße erfolgte. Beides, sowohl die Begründung des Religionsunterrichts aus schulischer Sicht, als auch die Einführung von Methoden wissenschaftlichen Arbeitens in den Religionsunterricht sind sicherlich die Verdienste dieses Konzepts. Dennoch blieb auch hier, wie bei der Evangelischen Unterweisung, die Lebenswelt der Schüler/innen weitgehend unbeachtet.
3. Diese Ausrichtung veränderte sich grundlegend mit der Konzeption des *(thematisch-)problemorientierten Religionsunterrichts,* die sich in der Bundesrepublik zwischen 1966 bis Mitte der 1970er-Jahre mit unterschiedlichen Akzenten entwickelte. Hans-Bernhard Kaufmann lieferte mit seinem Vortrag »Muss die Bibel im Mittelpunkt des Religionsunterrichts stehen?« (Kaufmann, 1996, S. 232–234) die Programmatik. Er entwickelte in verschiedenen Thesen einen Entwurf, der die Lebenswirklichkeit der Schüler/innen, ihre Fragen, individuelle und gesellschaftliche Probleme anstelle der Bibel in den Mittelpunkt stellte. Mit dieser wesentlich breiteren inhaltlichen Aufstellung fanden nun interdisziplinäre Bezüge zu anderen Wissenschaften ebenso Eingang in den Religionsunterricht, wie eine thematische Struktur der Lehrpläne, die die Orientierung an rein theologischen Fachdisziplinen ablöste. So entstand ein Religionsunterricht »der die Schüler versteht und den die Schüler verstehen« (Schmidt, 2007, S. 61). Methodisch standen nunmehr Diskussionen und Gruppenarbeiten bei der Analyse der Fragen, Interessen und Probleme der Lernenden als Subjekte im Mittelpunkt und führten zu möglichen Handlungsoptionen im Lichte biblischer Aussagen und christlicher Tradition. Als problematisch erwies sich jedoch die »thematische Entschränkung« (Rothgangel, 2012, S. 81), die zu inhaltlicher Breite und weniger zu inhaltlicher Tiefe bei großer Diskursorientierung führte.

Mit der Idee der Problemorientierung endet im Wesentlichen die Zeit der großen, den Religionsunterricht insgesamt strukturierenden Konzeptionen. Es folgte bis heute eine Phase von fachdidaktischen Strukturen oder Prinzipien, die sich weniger aus der Abgrenzung bisheriger Vorstellungen entwickelten und entwickeln, sondern vielmehr Ansätze vorangegangener Konzeptionen in ihren Leistungen aufgreifen, weiterführen und neuere Erkenntnisse, Ideen hinzufügen oder Erfordernisse beachten. Es sind dies u. a. folgende:
4. Heutige fachdidaktische Strukturen/Prinzipien
    – Die *Symboldidaktik* stellt Symbole, Gegenstände oder Bilder mit einem zweiten oder vielfachen Sinn in den Mittelpunkt. Sie nutzt diese didak-

tisch, um die veränderte Lebenswelt der Schüler/innen und Religion in Beziehung zu setzen. Dabei wird in der Zielsetzung unterschieden, ob es um einen sinnerfassenden bzw. kritischen Umgang mit dem Symbol oder einen stärker emotionalen Zugang zu einem inneren Symbolsinn geht.
- Eine *performative bzw. performanzorientierte religionsdidaktische Perspektive* möchte Schüler/innen u. a. durch Probeaufenthalte in der religiösen Welt Erfahrungen mit der (christlichen) Religion ermöglichen. Dazu gehören der Umgang mit religiöser Sprache, darstellende und spielerische Methoden, das Gestalten und Ausführen religiöser Rituale und das Erleben von Religion als gestalteter und gefeierter Religion. Dabei entsteht ein Spannungsfeld von Teilnahme, Beobachtung und Reflexion.
- Die Idee des *Theologisierens* nimmt als *Kinder- oder Jugendtheologie* die individuelle Religiosität der Lernenden in den Blick. Die individuellen Glaubenskonstruktionen der Schüler/innen sollen in Gesprächen, angeregt durch Erzählungen oder Dilemmageschichten, vorbereitet durch handlungsorientierte Methoden zur Sprache kommen, somit verbalisiert und weiterentwickelt werden.
- *Bibeltheologische und korrelative Perspektiven* streben eine wechselseitige Beziehung von Bibeltext bzw. theologischem Inhalt und Erfahrungen des Leser heute und seiner Lebenswelt an. Die dabei vernehmbare Strukturanalogie oder Irritation verstärkt den Aufforderungscharakter und führt zu einer Motivation aufseiten der Lernenden.

Wichtig ist heute zu beachten, dass einerseits kein fachdidaktischer Entwurf eine Vorrangstellung oder gar eine Alleinstellung beanspruchen kann, andererseits die Pluralität der fachdidaktischen Strukturen aber auch kein Ausdruck von Beliebigkeit ist. Rothgangel stellt die Gleichrangigkeit der verschiedenen didaktischen Strukturen in einen direkten Zusammenhang mit fachspezifischen Kategorien: Grundlegende (auch interreligiöse) Traditionen bedürfen hermeneutischer, Rituale und Symbole einer symboldidaktischen und ethische Fragestellungen einer problemorientierten didaktischen Struktur (vgl. Rothgangel, 2012, S. 90). Auch auf die praktische Umsetzung lässt sich diese Darstellung im Prinzip übertragen. Hier allerdings wird erneut die nötige Verschränkung der fachdidaktischen Entwürfe deutlich, da sich die fachspezifischen Kategorien unterrichtlich kaum sinnvoll voneinander trennen lassen, sondern in den Inhalten, Unterrichtseinheiten (siehe Kap. 4) und Methoden (siehe Kap. 5) zusammenführen und aufeinander zu beziehen sind.

Religionsunterricht: klassische Konzeptionen – aktuelle Diskurse

e. Religionsunterricht: rechtliche Grundlagen

Die Kulturhoheit liegt in der Bundesrepublik Deutschland bei den Ländern. Insofern ergibt sich in Fragen von Schule und (Religions-)Unterricht eine gewisse Heterogenität. Dennoch lässt sich feststellen, dass in 12 von 16 Bundesländern zwei konfessionelle Formen des Religionsunterrichts und ein Ersatz- bzw. Alternativfach (Ethik, Werte und Normen, praktische Philosophie/Philosophie) der Normalfall sind. Dies liegt begründet in der Abfassung des Grundgesetzes in Artikel 7, Absatz 3, der nahezu wortgleich die damalige Kompromiss-Formulierung der Weimarer Reichsverfassung von 1919 aufgreift.

> »Der Religionsunterricht ist in den öffentlichen Schulen mit Ausnahme der bekenntnisfreien Schulen ordentliches Lehrfach. Unbeschadet des staatlichen Aufsichtsrechtes wird der Religionsunterricht in Übereinstimmung mit den Grundsätzen der Religionsgemeinschaften erteilt. Kein Lehrer darf gegen seinen Willen verpflichtet werden, Religionsunterricht zu erteilen.«

Unter der Leitidee der freien Entfaltung der Persönlichkeit garantiert der Staat nicht nur Meinungs- und Religionsfreiheit, sondern betont die Wirksamkeit der Religionsgemeinschaften und deren Beitrag zur öffentlichen Bildung. Der Religionsunterricht unterliegt der staatlichen Schulaufsicht in formalen Hinsichten und inhaltlichen Aspekten. In diesem Spannungsfeld zwischen einem weltanschaulich neutralen Staat und einem Religionsunterricht als staatliche Veranstaltung in Zusammenarbeit mit den Religionsgemeinschaften entsteht eine der sog. gemeinsamen oder vermischten Angelegenheiten (lat. res mixtae). Dabei muss betont werden, dass das Grundgesetz von Religionsgemeinschaften und nicht von Kirchen spricht, sodass grundsätzlich anerkannten Religionsgemeinschaften die Möglichkeit eingeräumt ist, einen Religionsunterricht anzubieten (wobei allerdings eine Mindestanzahl an Schülerinnen und Schülern erreicht werden muss). Der Religionsunterricht ist dabei das einzige Schulfach, das im Grundgesetz erwähnt ist.

Sonderregelungen

Dennoch gibt es neben einigen regionalen Besonderheiten (z. B. bzgl. katholisch-evangelischer Kooperationen) insgesamt vier Bundesländer, in denen Sonderregelungen gelten:

In Berlin ist der Religionsunterricht kein Pflichtfach, sondern ein freiwilliges Wahlfach, das nicht versetzungsrelevant ist. Pflichtfach ist in der Sekundarstufe I hingegen das Fach Ethik.

In Brandenburg sind im Grundsatz alle Schüler/innen zum Besuch des weltanschaulich neutralen Faches LER (Lebensgestaltung-Ethik-Religionskunde) verpflichtet. Die Teilnahme am Religionsunterricht ist jedoch ein anerkannter Abmeldegrund von LER.

In Bremen wird ein bekenntnismäßig nicht gebundener Unterricht in »Biblischer Geschichte« auf einer allgemein christlichen Grundlage als Pflichtfach für alle Schüler/innen unterrichtet.

Diese Länder berufen sich auf Artikel 141 des Grundgesetzes, der den Ländern eine Abweichung von Artikel 7, Absatz 3 des Grundgesetzes erlaubt, in denen zum Stichtag 1. Januar 1949 eine anderweitige gesetzliche Regelung bestand (die sog. »Bremer Klausel«).

In Hamburg wird aufgrund der besonderen Situation (zunächst kein Angebot katholischen Religionsunterrichts an öffentlichen Schulen, große religiöse Vielfalt) ein »Religionsunterricht für alle in evangelischer Verantwortung« angeboten. Formal handelt es sich dabei um einen bekenntnisgebundenen Religionsunterricht nach Artikel 7 des Grundgesetzes, dessen Rahmenpläne und Unterrichtsmaterialien heute in Absprache auch mit nicht-christlichen Religionsgemeinschaften erstellt werden. Zu diesem Unterricht sind alle Schüler/innen eingeladen. Letzteres gilt jedoch immer für evangelischen Religionsunterricht, der nicht von der für den katholischen Religionsunterricht maßgeblichen Trias (Lehrkraft, Schülerschaft und Lehre sind katholisch) ausgeht, sondern von einer evangelischen Lehrkraft in evangelischer Gebundenheit erteilt wird.

Islamischer Religionsunterricht

Verschiedene Formen eines islamischen Religionsunterrichts werden in einzelnen Bundesländern schon seit den 1980er-Jahren erteilt. Dies geschieht in rechtlicher Verantwortung der jeweiligen Länder unter Beteiligung verschiedener islamischer Vereinigungen. Das Grundgesetz ermöglicht diesen im Prinzip. Kompliziert im Sinne des Grundgesetzes und der dort formulierten »vermischten Sache« (res mixtae) ist bislang, welche Gruppierung als Religionsgemeinschaft in institutionalisierter Form Ansprechpartner/in des Staates sein kann. Darüber hinaus sind Fragen der Ausbildung bzw. des Studiums der Lehrkräfte, bestimmte Inhalte und Methoden und eventuelle Möglichkeiten von Differenzierung in konfessioneller, ethnischer und ggf. sprachlicher Hinsicht zu klären.

Religionsunterricht: rechtliche Grundlagen

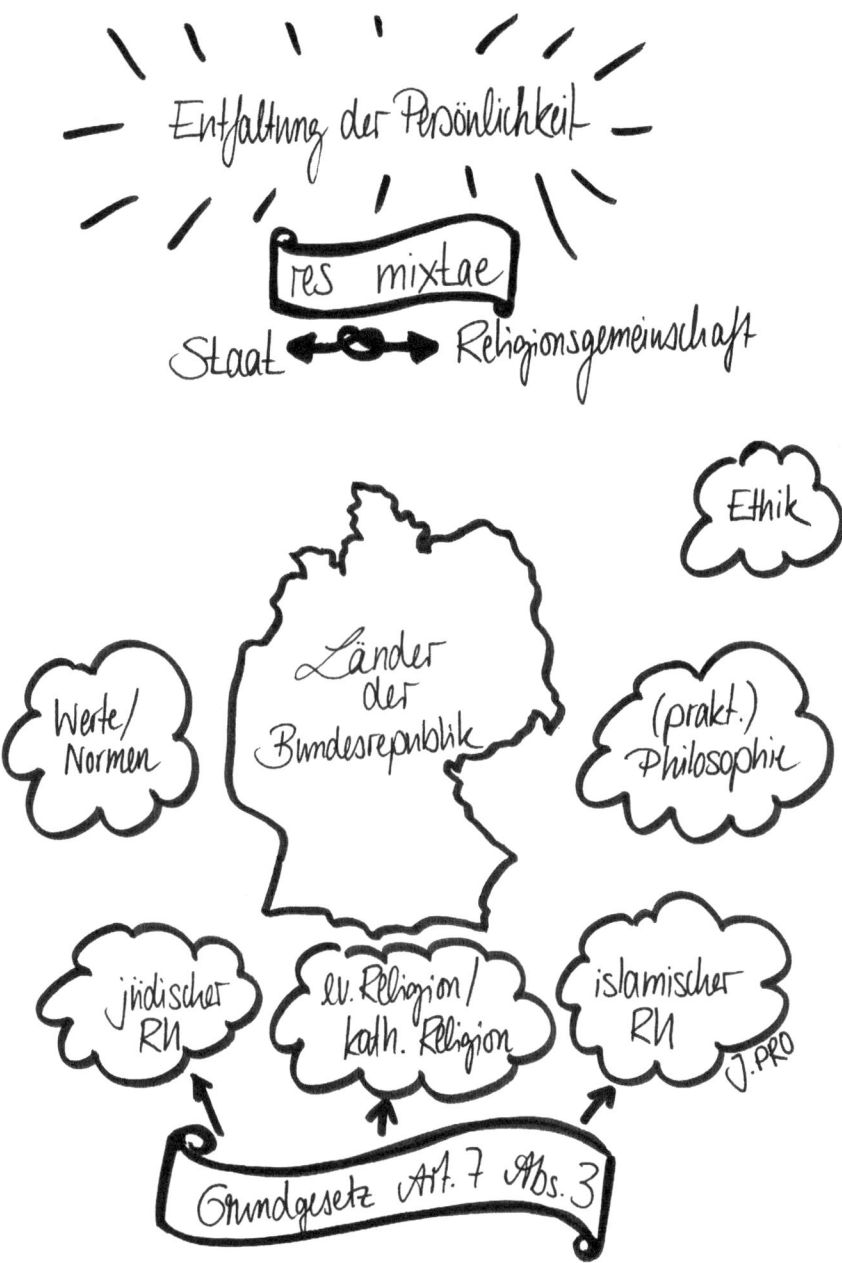

3 Fachdidaktisches Praxiswissen

a. Motivation von Schüler/innen und Lehrkräften

Zur Motivation wurden verschiedene theoretische Modelle vorgelegt, oft wird dabei zwischen intrinsischer und extrinsischer Motivation unterschieden. Intrinsisch ist man dann motiviert, wenn die Handlung für einen selbst befriedigend ist. Extrinsische Motivation resultiert hingegen aus den Folgen der Handlung (bspw. Noten). Es geht dabei nicht um die Handlung an sich, die den Akteur motiviert. Die intrinsische Motivation gilt als deutlich stabiler als die extrinsische, eine eindeutige Grenzziehung zwischen beiden ist kaum möglich. Wer zudem den Schulalltag kennt, der weiß, dass Schüler/innen sicher nicht immer intrinsisch motiviert sind, schließlich wird ihnen zumeist der zu behandelnde Schulstoff vorgegeben.

Man kann vier bedeutende Faktoren unterscheiden, die die Voraussetzung für Motivation sind:
1. *Autonomieerleben:* Ich entscheide möglichst freiwillig, also selbstbestimmt darüber, was und wie ich lernen will.
2. *Wahrgenommene Kompetenz:* Ich sehe meinen Erfolg, erkenne, dass ich in einem Bereich kompetent bin.
3. *Soziale Eingebundenheit:* Ich arbeite gerne in der jeweiligen Gruppe, teile z. B. deren Ziele und Interessen.
4. *Persönliche Relevanz:* Das zu bearbeitende Thema ist für mich bedeutend.

Es sollte für die Lehrkraft primär darum gehen, für ein Lernarrangement zu sorgen, das die Entfaltung dieser Faktoren ermöglicht. Es geht also um das Herstellen von Rahmenbedingungen. Die Lehrkraft ist nicht (nur) der Motivator. Solch lehrpersonbezogenes Verständnis von Motivation ist aus drei Gründen problematisch:
1. Es führt nur zur kurzfristigen Motivation, zudem oft nur bei einem geringen Teil der Schüler/innen.
2. Die Schüler/innen entwickeln ein Selbstverständnis, dass nicht sie, sondern die Lehrkraft für ihre Motivation verantwortlich ist.
3. Gefahr der Frustration bei den Lehrkräften.

Zugleich muss die Lehrkraft selbst aber auch ein Interesse oder Begeisterung für die Lerninhalte ausstrahlen. Ist dies nicht der Fall, bleibt fraglich, ob die Schüler/innen ein solches Interesse durch den Unterricht entwickeln.

Was bedeutet dies nun für einen gelingenden Religionsunterricht? Die Lehrkräfte sollten versuchen, sich weitgehend an den vier genannten Faktoren zu orientieren. Sie ermöglichen Erfolgserlebnisse im Lernprozess und überfordern die Schüler/innen nicht, unterfordern sie aber auch nicht (wahrgenommene Kompetenz). Die Schüler/innen sollten gerne in der jeweiligen Lerngruppe arbeiten (soziale Eingebundenheit). Dies betrifft den Religionsunterricht insofern fundamental, da es hier um Fragen des Zusammenlebens und des Umgangs miteinander geht. Bedingungen, die für möglichst alle Beteiligten sinnvoll sind, können hier erarbeitet werden. Dies kann auch positive Effekte auf den Unterricht in den anderen Fächern haben.

Zudem sollten die Inhalte so gewählt werden, dass sie für die Schüler/innen bedeutend sind (persönliche Relevanz, Lebensweltbezug). Hier gilt es auf der einen Seite zu beachten, dass Lerngruppen und deren Interessen heterogen sind und dass es ministerielle und bisweilen schulinterne curriculare Vorgaben gibt. Hinsichtlich der Heterogenität sollte darauf geachtet werden, dass möglichst viele Lernende den Lerngegenstand als persönlich relevant empfinden. Die curricularen Vorgaben sind oft weit gefasst, ermöglichen der Lehrkraft einen großen Gestaltungsspielraum, den es zu nutzen gilt. So können am Beginn die Interessen der Schüler/innen abgefragt werden, um sich daran zu orientieren.

Auf der anderen Seite befinden sich die Schüler/innen in einem Entwicklungs- und Lernprozess, in dem sie sich unter vielen Themen und Fragestellungen noch wenig vorstellen können. Wer nicht christlich sozialisiert wurde, sollte trotzdem etwas über diese Weltreligion erfahren, schließlich spielt sie in unserer Gesellschaft und auch global gesehen eine nicht unwichtige Rolle. Unterricht ist auch dazu da, Perspektiven zu erweitern, den Blick für unterschiedliche Weltdeutungen zu öffnen. Insofern sollten trotz einer thematischen Öffnung auch gewisse Punkte gesetzt sein, die man als zentral betrachtet. Mischformen zwischen thematischer Öffnung und Setzung werden insofern die Regel sein.

Wie viel Freiraum und damit Autonomieerleben man den Schüler/innen einräumt, hängt sicher auch von den einzelnen Lernenden ab. Manche können mit entsprechendem Freiraum besser umgehen als andere. Aber den angemessenen Umgang mit Freiraum sollten möglichst alle lernen, schließlich sollen sie später auch ihr Leben selbst gestalten.

Motivation von Schüler/innen und Lehrkräften

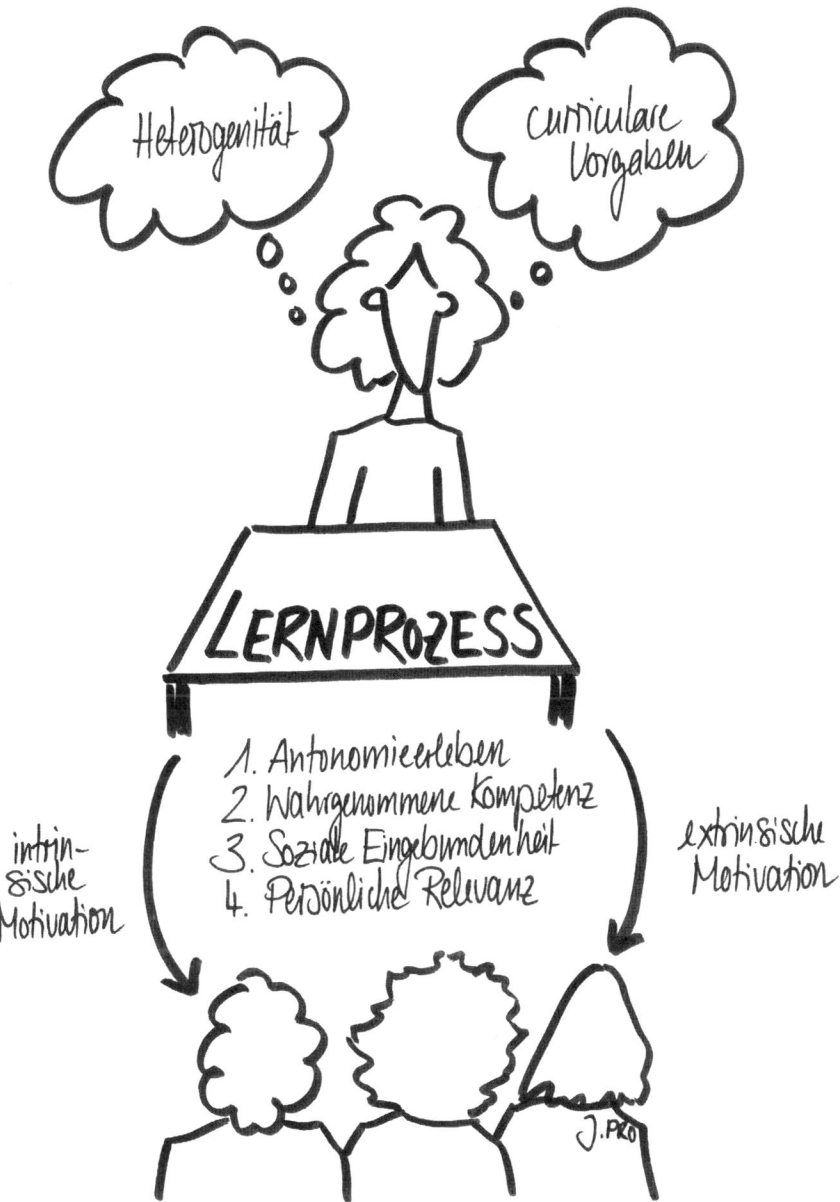

b. Kompetenzorientierter Religionsunterricht

Kompetenzen/Bildungsstandards

Versteht man Bildungsstandards als Setzungen darüber, was eine Schülerin oder ein Schüler zu einem bestimmten Zeitpunkt in einem bestimmten Fach an Fähigkeiten erworben haben soll, so sind eben diese Fähigkeiten als Kompetenzen systematisch beschrieben. Kompetenzen sind »die bei Individuen verfügbaren oder durch sie erlernbaren kognitiven Fähigkeiten und Fertigkeiten, um bestimmte Probleme zu lösen, sowie die damit verbundenen motivationalen, volitionalen und sozialen Bereitschaften und Fähigkeiten, um die Problemlösungen in variablen Situationen erfolgreich und verantwortungsvoll nutzen zu können« (Weinert, 2002, S. 28). Kurz gesagt sind Kompetenzen »Problemlösefähigkeitskönnensbeschreibungen« oder »Problemlösungsfähigkeiten«, die es durch die Lernenden zu erweitern oder grundlegend zu erwerben gilt. Damit geht auch bereits der entscheidend mit der Kompetenzorientierung verbundene Perspektivwechsel einher: Es ist nunmehr nicht mehr vorrangig, was Intention bzw. »Input« (bspw. Thema einer Unterrichtsstunde oder -einheit) ist, sondern was das Ergebnis bzw. der »Output« oder »Outcome« einer Lernsequenz ist: Was sollen die Schüler/innen am Ende einer Unterrichtsstunde oder -einheit tatsächlich (besser) können als vorher.

Folgerungen für die Unterrichtspraxis

Die erforderliche Orientierung am »Outcome« bzw. »Output« hat entscheidende Folgen für die Unterrichtsplanung: So muss zunächst von der Lehrkraft definiert werden, welche Kompetenzen es tatsächlich (in einer Jahrgangsstufe, zu einem Thema) zu erwerben gilt. Darüber hinaus ist es lernwirksam, wenn es gelingt, diese Kompetenzen auch schülertauglich zu formulieren und ihnen diese Kompetenzen transparent zu machen. Ein solches Vorgehen erweist sich für einzelne Unterrichtsstunden oder auch -einheiten als effektiv. So können bspw. relevante Kompetenzen zu Beginn einer Unterrichtseinheit in Form eines Deck- oder Einführungsblatts oder als Tafelbild, Poster oder Brief an die Schüler/innen vermittelt werden.

Eine weitere Folge für die praktische Unterrichtsplanung ergibt sich aus der Logik der Kompetenzformulierungen: Wenn es gilt, relevante Probleme lösen zu können (s. o.), müssen im Unterricht auch entsprechende Anforderungssituationen konzipiert werden, in denen diese Fähigkeiten durch die Schüler/innen angewendet werden können.

Modelle/Konzepte zur Kompetenzorientierung

Anders als in anderen Fächern hat sich im Religionsunterricht (bisher) bspw. auf der Ebene der Kultusministerkonferenz noch kein Modell bzw. einheitliches Konzept zur Kompetenzorientierung etabliert. Die Gründe (Zuständigkeiten von Bund, Ländern, Kirchen etc.) dafür sind vielfältig und können hier genauso wenig Eingang finden wie die Favorisierung eines Modells. Legt man den Blick jedoch auf die Grundfähigkeiten der den Diskurs maßgeblich beherrschenden Konzeptionen (Einheitliche Prüfungsanforderungen in der Abiturprüfung (EPA), das Modell des Comenius-Instituts, das Modell der EKD), so fallen schnell Schnittmengen in den zu erwerbenden Fähigkeitsbeschreibungen auf. Diese sind als (prozessbezogene) Kompetenzen bzw. Dimensionen oder Handlungsformen, d. h. als durch die Schullaufbahn hindurch zu erwerbende und zu erweiternde Kompetenzen, in weitgehender Übereinstimmung beschrieben als:
- *Wahrnehmungs- und Darstellungsfähigkeit* religiöser Phänomene und Ausdrucksformen sowie existentieller Situationen und Lebensfragen,
- *Deutungsfähigkeit* bzgl. religiöser Sprache, Motive sowie Glaubenszeugnisse,
- *Urteilsfähigkeit* in religiösen und ethischen Fragen,
- *Dialogfähigkeit* in religiösen Fragestellungen (auch mit anderen Religionen),
- *Gestaltungs- und Handlungsfähigkeit* in religiös bedeutsamen Zusammenhängen.

Diesen wiederum sind in der Regel inhaltsbezogene Kompetenzen bzw. Teilkompetenzen religiöser Bildung zugeordnet, die konkreter die inhaltliche, thematische Ausrichtung des Religionsunterrichts berücksichtigen. Für die unmittelbare Ebene der Unterrichtseinheit wiederum lassen sich in den aktuellen Schulbüchern und Fachzeitschriften für den Religionsunterricht nicht nur »schülertaugliche« Formulierungen, sondern darüber hinaus vielfältige Anregungen für die Ausrichtung des Unterrichts und die Überprüfung des Kompetenzerwerbs finden. Diese müssen sich im Umkehrschluss den auf übergeordneter Ebene befindlichen Kompetenzen zuordnen lassen, um so einen systematischen Aufbau der Fähigkeiten zu gewährleisten.

Zur Einordnung

Bei der Setzung von Kompetenzen oder Bildungsstandards ist die Fachlichkeit von Theologie und Religionspädagogik, nicht der ökonomische Nutzen entscheidend. Einer Orientierung des Religionsunterrichts an Kompetenzen ist von daher grundsätzlich zuzustimmen. Festzuhalten bleibt: Im Religionsunterricht können lebensrelevante Fähigkeiten erworben werden, die in vielen Situationen und bezogen auf vielfältige Themen und Fragestellungen bedeutsam sein können.

Kompetenzorientierter Religionsunterricht

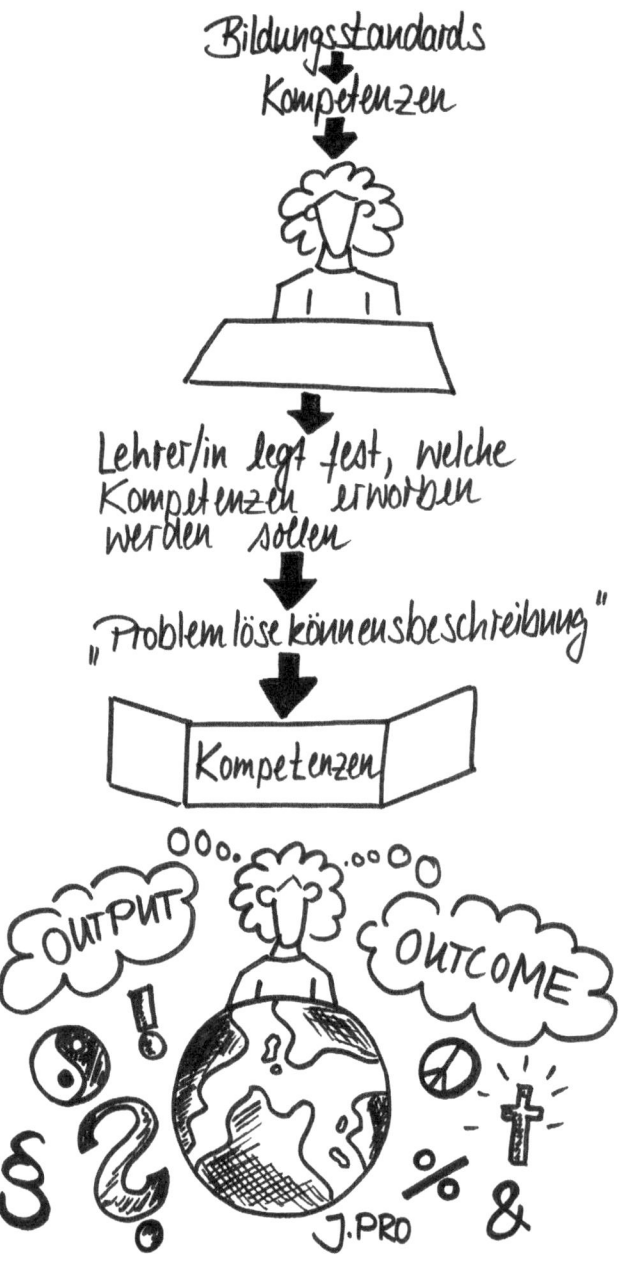

c. Heterogenität im Religionsunterricht

Auch als es noch durchgängiges Prinzip war, Schüler/innen nach der Grundschule auf die traditionellen Schularten Haupt-, Realschule und Gymnasium aufzuteilen, waren Lerngruppen im Religionsunterricht durchaus heterogen in Hinsicht auf ihre individuelle Leistungsfähigkeiten und Kompetenzen, in jedem Fall aber bzgl. ihrer Einstellungen und eigenen Religiosität. Insofern ist Heterogenität eigentlich kein neues Phänomen. Galt es doch im Religionsunterricht schon länger, individuelle Empfindungen, Meinungen und Glaubenskonstrukte zum Nutzen aller zur Sprache zu bringen.

Heute jedoch lässt sich leicht feststellen, dass der Umgang mit Heterogenität als Thema wesentlich präsenter geworden ist. Das liegt zum einen an den neueren Schulformen wie Gemeinschafts- und Stadtteilschulen (u. a.), deren grundsätzliches Prinzip das eines gemeinsamen Unterrichts für Schüler/innen aller möglichen Bildungsabschlüsse ist, der wiederum Binnendifferenzierung unabdingbar macht. Zum anderen erfordern die Bemühungen um Inklusion zur Umsetzung der von Deutschland ratifizierten UN-Behindertenrechtskonvention (»Übereinkommen über die Rechte von Menschen mit Behinderungen«) mit dem in Artikel 24 formulierten Recht auf inklusive Bildung und deren Umsetzung bis hinein in die Schulgesetze der Länder eine Weiterentwicklung des religionspädagogischen Fach- und Methodenrepertoires an allen Schularten. Schließlich beansprucht die insgesamt religiös pluraler und individueller gewordene gesellschaftliche Situation (siehe Kap. 2.a) eine veränderte Sichtweise auf die Schüler/innen als Subjekte des Religionsunterrichts.

Dennoch kann man sagen, dass diese Entwicklung gut korrespondiert mit einer theologischen Grundhaltung. Wenn es richtig ist, dass der zielführende Umgang mit Heterogenität sowie angemessene Unterrichtsplanung in inklusiven Settings im Kopf beginnt, ist eine Religionslehrkraft grundsätzlich gut aufgestellt: Bereits durch die in Genesis 1 ausformulierte Gottebenbildlichkeit des Menschen ergeben sich Wert und Gleichheit, Besonderheit und Einzigartigkeit aller Menschen. Auch das Neue Testament greift diese Gedanken auf: Ein zentrales Ziel jesuanischen Handelns ist die Rückführung der Menschen vom Rande in die Mitte der Gesellschaft. Das Gleichnis vom barmherzigen Samariter öffnet das helfende Handeln sogar über Volksgruppen hinweg. Paulus formuliert im 1. Korintherbrief den inklusiven Charakter einer Gemeinschaft (ein Leib – viele Glieder). Insofern ist Inklusion aus biblischer Perspektive keine neue Entwicklung, sondern grundlegende Überzeugung.

Auch wenn die moderneren Lehrwerke und immer mehr Unterrichtsmaterialien Differenzierung als grundlegendes Erfordernis der Praxis erkannt haben, bleiben Heterogenität der Schüler/innen und ein grundsätzlich passend auf die individuelle Leistungsfähigkeit ausgerichteter Unterricht eine Herausforderung, die sich im Religionsunterricht in einer doppelten Hinsicht stellt: als grundlegendes Erfordernis in allen Unterrichtsstunden und als gesonderte Themen bzw. Unterrichtseinheiten in verschiedenen Klassenstufen (etwa in Kl. 5/6 als »Anders sind alle« über Kl. 7/8 als »Menschen helfen« bis hin zu Kl. 9/10 als ethische Betrachtung menschlichen Handelns in der Gemeinschaft). Insofern bedarf es für die einzelne Lehrkraft, die nicht selten auch in Lerngruppen mit großen Varianzen seitens der Schüler/innen allein unterrichtet, eines pragmatischen Zugangs und eines leistbaren Aufwandes hinsichtlich Diagnose als Grundlage für eine Differenzierung, die sich als stetig weiterzuentwickelnde Annäherung an die individuellen Leistungsfähigkeiten, Bedürfnisse, Lernwege und Interessen der Schüler/innen versteht.

Betrachtung der Lerngruppe (Diagnose)

In einem weiten Sinne verstanden, ergeben sich für die Religionslehrkraft zahlreiche Möglichkeiten zur Einschätzung der Schüler/innen. Hierzu zählen zunächst die alltägliche und ggf. systematische Beobachtung hinsichtlich religiöser Haltungen, der kulturellen Herkunft, der religiösen Sozialisation (siehe Kap. 2.a), der fachlichen Kenntnisse, der methodischen Fähigkeiten, der Dispositionen und Motivation gegenüber Lernen, sozialen Fähigkeiten und besonderen (Lern-)Bedürfnissen. Praktisch empfiehlt es sich, für die jeweilige Lerngruppe einen Beobachtungsbogen anzulegen, der wesentliche zu beobachtende Merkmale auf einen Blick enthält. Auch die Schülerakten geben Aufschluss über vorliegende Gutachten und ggf. Ergebnisse vorheriger Beobachtungen sowie evtl. vorhandene Lern- und Förderpläne. Die Modelle religiöser Entwicklungen (siehe Kap. 2.b) liefern ebenso weitere Hinweise auf zu erwartende Haltungen wie (regelmäßige) Abfragen durch Fragebögen zu Haltungen, Selbsteinschätzungen und zum Vorwissen. Absprachen mit Kollegen/innen, in multiprofessionellen Teams mit Schulsozialarbeiter/innen, Schulseelsorger/innen und insbesondere mit Sonderschullehrkräften ergänzen das eigene Bild der Lerngruppe sowie der einzelnen Schüler/innen. Insgesamt ist bei der Betrachtung der Lerngruppe darauf zu achten, sich nicht von Defiziten leiten zu lassen, sondern mindestens gleichwertig individuelle Stärken in den Vordergrund zu stellen.

Differenzierung

Aus der Betrachtung der Lerngruppe ergeben sich Lernvoraussetzungen, denen wiederum durch Differenzierung oder Individualisierung des Unterrichts entsprochen werden kann. Hierbei kann unterschieden werden zwischen einer Differenzierung
- *nach Material, Aufgaben und Inhalten* (Umfang des Lernstoffs, Niveau des Lernstoffs, Auswahl der Themen und Interessen durch Schüler/innen, Hilfestellungen/Tippkarten/Hilfsfolien zur Auflage auf einen Text),
- *nach Unterrichtsform bzw. -methode* (individualisierte, kooperative Lernformen wie Think-Pair-Share oder Gruppenpuzzle),
- *nach Sozialform* (z. B. arbeitsteilige Vorgehensweise),
- *nach Aneignungsform* (basal-perzeptiv bzw. sinnlich; konkret-handelnd; anschaulich-modellhaft durch Ab- und Vorbild; abstrakt-begrifflich),
- *nach Lernweg bzw. Lerneingangskanal* (auditiv, visuell, handlungsorientiert, haptisch, kommunikativ-kooperativ, kognitiv-analytisch) und
- ggf. nach dem – durchaus kritisierten – Konzept multipler Intelligenzen (sprachlich-linguistisch, logisch-mathematisch, musikalisch-rhythmisch, bildlich-räumlich, körperlich-kinästhetisch, naturalistisch, interpersonal, intrapersonal) nach Howard Gardner. Demnach müssen Lernende die eigene bevorzugte Intelligenz, d. h. bevorzugte Problemlösestrategie, erkennen und fördern.

Individuelle Lernbedürfnisse

Es ist ein Widerspruch in sich, allgemeine Tipps bei individuell vorhandenen Lernbedürfnissen oder sonderpädagogischem Förderbedarf geben zu wollen. Dazu bedarf es, dem Wortsinn nach, einer individuellen Diagnose durch Sonderpädagogen/innen mit ihrer jeweiligen Fachexpertise. An dieser Stelle kann nur bspw. auf Übersetzungen der Bibel in leichter Sprache zur Überwindung sprachlicher Beeinträchtigungen, große Kopien für Schüler/innen mit einer Beeinträchtigung der Sehfähigkeit oder die aufmerksame Sitzplatzwahl im Klassenraum (Gesicht möglichst vieler möglicher Sprecher sollte gesehen werden können, Minimierung von Störgeräuschen) für schwerhörige Schüler/innen hingewiesen werden.

Als wichtigste Anforderungen gilt hier, wie auch sonst grundsätzlich, ein klares Klassenraum-Management.

Heterogenität im Religionsunterricht

d. Medien im Religionsunterricht

Als eine Religion, die sich zentral auf eine Schrift bezieht, in der Geschichten gehört und gelesen, Bilder gemalt und betrachtet, religiöse Lieder komponiert und gesungen werden, weist das Christentum eine vielfache Affinität zu Medien auf. Dieses gilt für sog. Primärmedien sakraler Praxis ebenso wie für Sekundärmedien zur religiösen Bildung. Alle Mittel (und Verfahren), die der Übermittlung und dem Austausch von Informationen dienen, können im Religionsunterricht ihren Wert und ihre Lernchancen entfalten. Dabei haben sowohl traditionelle Medien (Religionsbuch, Lied, Arbeitsblatt, Tafel u. v. m.) ihren Platz, wie auch neuere audiovisuelle oder multimediale Medien (Videoclips, Filme u. v. m.).

Religionsunterricht sollte jedoch auch nicht vor medienkritischen Themen (Verführung durch die Macht der Bilder, Werbung, Mobbing im Internet oder durch Textnachrichten) zurückschrecken.

Ebenso ist es für die Persönlichkeitsentwicklung sehr förderlich, im Religionsunterricht neben der rezeptiven Nutzung von Medien, die kreative, aktive Produktion eigener Medien aufzunehmen: Im Religionsunterricht können zu vielen Themen gut u. a. Audiofeatures, Erklärvideos oder Stop-Motion-Filme erstellt werden.

An dieser Stelle können nur einige wenige Schlaglichter auf den Gebrauch bestimmter Medien geworfen werden.

Umgang mit Bildern im Religionsunterricht

In einer Zeit, in der wir immer stärker mit Bildern und ihrer Wirkmächtigkeit konfrontiert werden, ist es im Religionsunterricht sinnvoll, das Sehen zu verlangsamen und eine Sehgeduld herauszufordern, um den »Mehrwert der Bilder« (Lange, 2002, S. 248) und Details, die ansonsten aufgrund vorschneller Deutungen unbeachtet bleiben könnten, wieder sichtbar zu machen. Hierbei kann auch die große (manipulative) Kraft von Bildern thematisiert werden. Dies spielt gerade in aktuellen Fragen eine große Rolle.

Eine Möglichkeit der »Sehschulung« bietet die Göttinger Stufentechnik aus der psychoanalytischen Ausbildung, die Tim Schramm (Schramm, 2003, S. 65) auf die Bearbeitung biblischer Texte in Gruppen übertragen hat. Folgende Stufen werden unterschieden:
1. *Wahrnehmen*
2. *Gefühle äußern*
3. *Einfälle sammeln*

4. *Schlussfolgerungen* ziehen (Hier könnte z. B. auch auf die ggf. beabsichtigte Wirkungskraft einer Fotografie eingegangen werden und wie Stimmungen damit beeinflusst werden können.)

Im Unterricht selbst können die Stufen zumindest anfänglich durch Satzanfänge auf Karten oder als Tafelanschrieb strukturierend eingesetzt werden:
1. »Ich sehe …«
2. »Ich fühle …«/»Auf mich wirkt es …«
3./4. »Ich denke, es ist gemeint …«/»Ich deute es so …«

Ein solches Vorgehen verlangt den im Alltag schnell wahrnehmenden Schüler/innen viel Geduld ab, sorgt aber vor allen Dingen dann für Entdeckungen, wenn Details, Mehrdimensionalität und liebevolle künstlerische Gestaltung neue Wendungen in der Deutung ermöglichen.

Technische Alternativen einer Ab- und danach folgenden sukzessiven Aufdeckung eines Bildes sind ebenso reizvoll, wie eine kreative Verarbeitung durch Nachstellen eines Bildes oder eine weitere Verarbeitung in eigenen Texten. Hierzu eignen sich in besonderer Weise Symbol-Darstellungen bspw. aus einer Symbol-Kartei (Oberthür, 2012).

Umgang mit Karikaturen im Religionsunterricht

Auch Karikaturen können mit der beschriebenen Stufentechnik in Klassen betrachtet werden. Häufig ist jedoch die Intention und These der Zeichnung klarer, sodass hier, gerade bei älteren Lernenden, sich nach erster eingängiger Betrachtung, ein abgekürztes Verfahren anbietet:
1. Was ist die Grundlage der Karikatur, welches Problem wird dargestellt?
2. Welche These, welches Ziel könnte die Karikatur (bei aller Ambivalenz der Deutung) verfolgen?
3. Wie bewerte ich die Aussage?

Auditive/audiovisuelle Medien im Religionsunterricht

Religiöse Aspekte in (aktuellen) Liedern im Religionsunterricht zu entdecken, kann aufgrund des offenkundigen Lebensweltbezugs Schüler/innen stark ansprechen – gleichwohl manchmal zunächst entstehende Diskussionen über Gefallen oder Nicht-Gefallen das eigentliche Ziel verdecken. Reizvoll ist es, bei der Reihenfolge zwischen Hören ohne Textvorlage und Lesen des Liedtextes ohne Hören zu variieren. Ersteres Vorgehen transportiert stärker die Stimmung eines

Liedes, Letzteres fordert zu einem Nachdenken über mögliche Diskrepanzen zwischen Text und Höreindruck heraus.

Der Einsatz von Videoclips, Kurz-, Dokumentar- oder Spielfilmen sollte im Religionsunterricht in Verbindung mit klaren Beobachtungsaufträgen geschehen, um eine eventuelle Konsumhaltung der Lernenden zu vermeiden.

Medien im Religionsunterricht

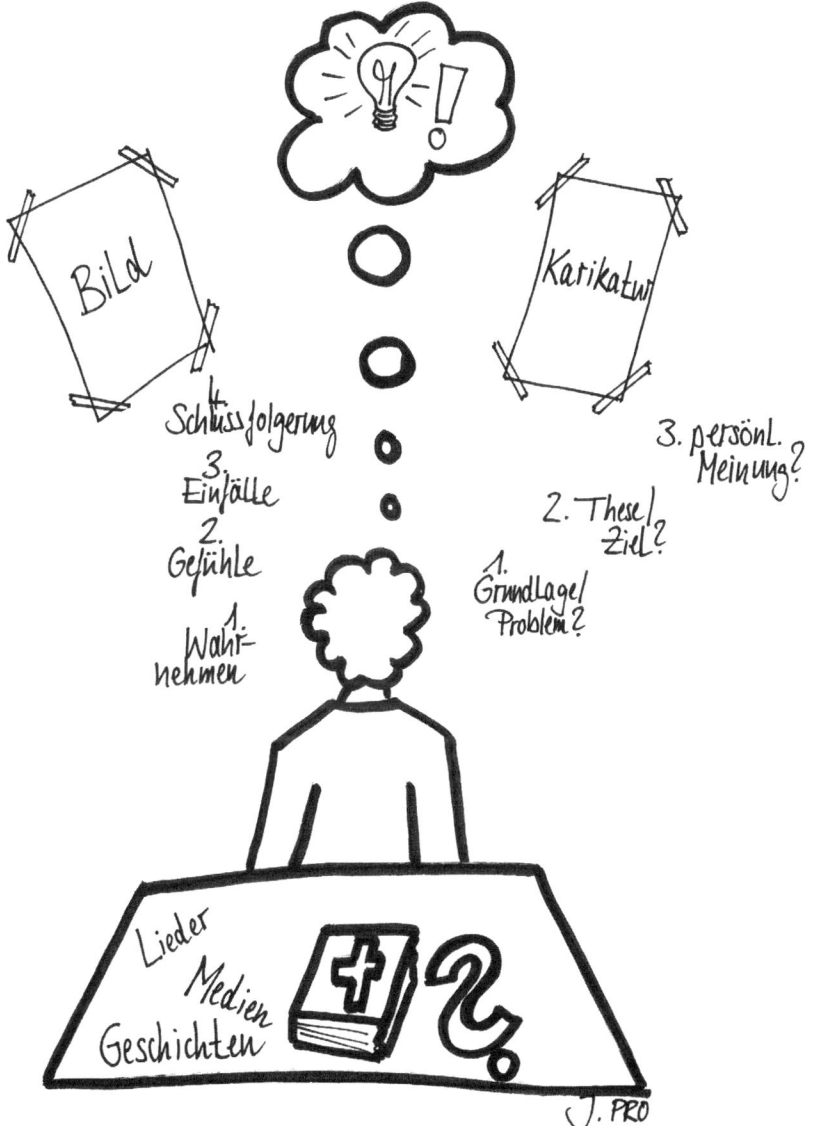

e. Theologische Gespräche führen

Das Führen eines ertragreichen Gesprächs mit Schüler/innen gehört zu den größten Herausforderungen für eine Religionslehrkraft. Dazu bedarf es einer detaillierten inhaltlichen Vorbereitung in Hinsicht auf theologische Dimensionen und entwicklungspsychologische Voraussetzungen ebenso wie eine gewisse Erfahrung. Letztlich benötigt die Lehrkraft auch Glück, dass die Lernenden auf die Impulse eingehen und entsprechende Ankerpunkte für eine vertiefte Auseinandersetzung einbringen.

Als hilfreich erweist es sich, wenn die Lehrkraft verschiedene Gesprächstechniken beherrscht, sich über deren Wirkung im Klaren ist und bestimmte grundsätzliche Gesprächsmomente oder -phasen unterscheiden kann. Entscheidend ist eines, und zwar die Grundhaltung der Lehrkraft gegenüber den Schüler/innen. Sie ist maßgeblich durch echtes Interesse, Akzeptanz und Empathie geprägt.

Gesprächstechniken bzw. mögliche zu verwendende Handlungsmuster

- Festlegen bzw. Wiederholen von Kriterien und Regeln für ein Unterrichtsgespräch
- nicht von der Lehrkraft ausgesprochene bzw. stumme Impulse (Bild, Karikatur, schriftlich fixierte Startfrage, ein Gegenstand, Satzanfänge)
- Impulse (eine provozierende Aussage, eine kurze szenische Darstellung oder ein kurzes Anspiel)
- Abwarten (Wichtig: Die Lehrkraft reagiert nicht sofort bei der ersten Meldung, sondern lässt allen die Möglichkeit zur Reaktion, das heißt, sie wartet in der Regel mindestens 6–7 Sekunden ab, bevor jemand aufgerufen wird.)
- Einsatz von Gestik und Mimik
- Operatoren (in Auswahl mit steigendem Anforderungsgrad: »Nenne/Beschreibe/Fasse zusammen/Stelle dar/Analysiere/Ordne ein/Erkläre/Erläutere/Vergleiche/Setze in Beziehung/Bewerte/Diskutiere/Gestalte/Überprüfe bitte …«)
- differenzierte Rückmeldung seitens der Lehrkraft: Die Lehrkraft verfügt über ein individuelles Spektrum an Reaktionen von Kenntnisnahme (»Mmh.«) bis zur Begeisterung (»Das ist richtig klasse, was du sagst!«). Alternativ: eine bewusste Nicht-Kommentierung durch die Lehrkraft
- vertiefende Fragen bzw. Zusammenfassungen durch die Lehrkraft (»Verstehe ich dich richtig …«/»Helft mir mal. Jetzt haben wir folgende Aspekte …«)
- Rückgabe von Fragen an das Plenum

- Ergebnisse strukturieren, zusammenfassen und ggf. schriftlich festhalten bzw. visualisieren. Dies ist eine der größten Herausforderungen an die Gesprächsleitung, bspw. um zu vermeiden, dass die Schüler/innen nicht zwischen unterschiedlichen Unterthemen hin- und herspringen, sondern nacheinander einzelne Punkte vertiefen oder diskutieren.
- die Gesprächsleitung abgeben z. B. durch die Schülermeldekette (die Schüler/innen rufen sich gegenseitig auf – ggf. abwechselnd Jungen und Mädchen. Bei älteren Schüler/innen kann auch die Moderation an begabte oder besonders Interessierte abgegeben werden. Hierfür empfiehlt es sich, den Schüler/innen Tipps an die Hand zu geben.)
- Gespräche können auch in Kleingruppen verlagert werden, um den Sprechanteil möglichst vieler Schüler/innen zu erhöhen. Anschließend können die Ergebnisse der Gruppendiskussionen im Plenum besprochen werden.

Selbstredend kann diese Aufzählung nicht abschließend sein. Wichtig ist jedoch, dass die Lehrkraft die Wirkung verschiedener Techniken einschätzen kann: Ein Impuls eröffnet ein breites Spektrum an möglichen Schülerantworten, besonders wenn Lehrkräfte es aushalten können, einen Moment abzuwarten, ohne sofort den ersten Schüler/die erste Schülerin aufzurufen. Auch die Verwendung von Operatoren lässt eine gewisse Offenheit in der Reaktion der Lernenden zu. Eine klassische W-Frage (»Wer, wie, was?«) hingegen schränkt ein und führt in der Regel zu kurzen Antworten der Schüler/innen. Das spricht aber keinesfalls grundsätzlich gegen die W-Frage (insbesondere nicht gegen »Warum, wodurch, womit?«). Entscheidend ist, dass die Lehrkraft die Effekte kennt. Im Idealfall ist die Lehrkraft durch die Vorbereitung eines offenen Impulses, die Vorformulierung eines Arbeitsauftrages mit Operatoren und ggf. einer W-Frage auf möglichst viele Eventualitäten des Alltags vorbereitet.

Natürlich sollten den Unterrichtenden auch die Fehlformen der Gesprächsführung bekannt sein. Lehrkräfte stellen mitunter mehrere Fragen hintereinander (»Ketten-Fragen«), stellen Suggestiv-Fragen (die richtige Antwort ergibt sich aus der Fragestellung), wiederholen stets die Aussagen der Schüler/innen (»Lehrer-Echo«) oder stellen sog. »Rate-Fragen« (Die Lehrkraft stellt zwar eine offen klingende Frage, möchte aber genau eine Antwort hören); die Lehrkraft führt das Gespräch ausschließlich durch engführende W-Fragen (es entsteht ein Frage-Antwort-Ping-Pong) etc.

Wichtig ist, sich vorher Gedanken und Notizen zu machen, um in etwa vorherzusehen, was als bzw. ob eine Antwort oder Äußerung von den Schüler/innen kommen kann, die das Gespräch weiter führt.

Gesprächsmomente/-phasen/-situationen

Ein Unterrichtsgespräch kann mehrere Phasen durchlaufen oder auch nur eine der nachfolgend genannten Situationen isoliert umfassen. Wichtig ist, dass der Lehrkraft bewusst ist, um welche Situation es sich handelt, weil sie so jeweils entsprechend günstige Gesprächstechniken auswählen kann.

- *Eröffnungsgespräch:* Hier gilt es zunächst ein Thema zu eröffnen. Dazu passen alle Impulse sowie Techniken, die es der Lehrkraft ermöglichen, sich zurückzuziehen, um die Lernenden stärker zu Wort kommen zu lassen.
- *Erarbeitungsgespräch:* Auch hier sollte ein möglichst großer Raum für die Äußerungen der Schüler/innen bestehen. Jedoch muss die Lehrkraft sich hier wieder stärker einbringen, um durch vertiefende Fragen, Zusammenfassungen des gegenwärtigen Standes oder Einbringen bisher unbeachteter Aspekte das Gespräch zu vertiefen.
- *Abschlussgespräch zum Inhalt:* Ein Abschlussgespräch bündelt Aspekte und fasst diese zusammen. Hier kann die Lehrkraft (oder eine Schülerin bzw. ein Schüler) Ergebnisse visualisieren, differenzierte Rückmeldung geben, Operatoren verwenden und ggf. W-Fragen stellen.
- *Abschluss- und Feedbackgespräch:* In inhaltlicher Hinsicht kann die Lehrkraft durch konkrete Fragen oder in spielerischer Form die Inhalte wiederholen und Revue passieren lassen und den Lernenden konkrete Rückmeldung geben. Auf der Metaebene eines Feedbacks für die Lehrkraft bietet es sich an, Kriterien festzulegen, Satzanfänge vorzugeben (»Gut gefallen hat mir heute ...«), sich aber zugleich zurückzuziehen, um nicht (unnötig) zu kommentieren.

Theologische Gespräche führen

f. Leistungen bewerten

Das Fach Religion ist in der Schule ein ganz besonderes Fach, in dem Lebens- und Glaubensfragen gestellt und thematisiert werden können. Zugleich ist es ein ganz normales Fach, in dem Schülerleistungen bewertet werden und die üblichen, z. T. hoheitlichen Funktionen der Leistungsbeurteilung (etwa Information über den erreichten Leistungsstand, Rückmeldung zur Selbstwahrnehmung und Entwicklung, Prognose über zu erwartende zukünftige Leistungen, Motivation über gute bzw. schlechte Noten, Kontrolle und Disziplinierung, Sozialisation und Selektion durch Zugangsberechtigung zu Ausbildungs- oder Arbeitsplätzen) in Form von Noten, Kompetenzbeschreibungen oder Textbausteinen zur Geltung kommen. In der Regel kombinieren Lehrkräfte bei der Bewertung fachliche Kriterien als Bezugsnorm mit einer sozialen Bezugsnorm (Vergleich mit Mitschüler/innen) und der individuellen Bezugsnorm (persönliche Entwicklung).

Man sollte im Religionsunterricht jedoch von Anfang an den Lernenden – und den Erziehungsberechtigten z. B. beim ersten Elternabend – deutlich machen, dass es keinen Zusammenhang zwischen einer Glaubenshaltung der Schüler/innen und der Bewertung durch die Lehrkraft gibt. Vielmehr stellen die grundsätzliche Bereitschaft zum Gespräch und die Fähigkeit, sich auf Themen einzulassen sowie Qualität und Quantität der Beiträge die wichtigsten Kriterien dar. *Schülertauglich kann man Kriterien etwa folgendermaßen formulieren:*
- Wie aktiv, aufmerksam und konzentriert arbeitest du mit?
- Wie genau eignest du dir an Fakten orientierten Lernstoff an?
- (Wie) Begründest du deine Entscheidungen bzw. Positionen?
- Wie gut hörst du den anderen im Unterricht zu?
- Wie wirkt sich dein Verhalten auf das Lernen in der Gesamtgruppe aus?
- Wie gut erledigst du deine Pflichten (z. B. Hausaufgaben)?
- Gibst du dir erkennbar Mühe, deine Beiträge in angemessener Sprache zu formulieren? (Mattes, 2007, S. 68 ff.)
- In der Oberstufe spielen zudem die Anforderungsbereiche eine zentrale Rolle der Bewertung, die Noten müssen hiernach differenziert werden.

Die Bewertungskriterien sollten den zu unterrichtenden Klassen von Beginn an transparent gemacht und ihre Erfüllung den Lernenden regelmäßig, etwa vor oder nach den Herbst- und Osterferien, individuell rückgemeldet werden. Dazu empfiehlt es sich, die Lernenden sich zunächst selbst anhand der bekannten Kriterien schriftlich einschätzen zu lassen. Dies fördert die Reflexionsfähigkeit der Schüler/innen über die Bewertungskriterien sowie die eigene diesbezügliche Leistung. Hierfür können auch vorformulierte Tabellen mit den jeweiligen

Kriterien sowie abgestufte Leistungsniveaus erstellt werden (»vollständig erfüllt«, »weitgehend erfüllt« usw.) Die Lehrkraft kann dann die einzelnen Rückmeldungen als lose Blätter oder institutionalisiert auf dem Deckblatt des Hefters einsammeln und zügig kommentieren. Zumeist gibt es nur geringe Abweichung zwischen der Einschätzung durch die Lehrkraft und die Schüler/innen selbst. Sollten diese dennoch vorhanden sein, kann man als Lehrkraft verstärkt auf eben jene Schüler/innen achten, bevor am Ende eines Halb- oder Schuljahres eine Note oder eine Bemerkung feststeht. Dieses setzt jedoch voraus, dass Lehrkräfte auch regelmäßig den Leistungsstand der Schüler/innen individuell dokumentieren.

Folgende Beiträge der Lernenden können zur Bewertung herangezogen werden: Beiträge zum Unterrichtsgespräch, Präsentationen, Referate, Projekte, kriteriengeleitete Hefterführung, Arbeit mit Portfolios, Tests, ggf. auch Klassenarbeiten als schriftliche Leistungsnachweise etc.

Gleichwohl sind auch immer wieder die Grenzen der Messbarkeit von Leistungen zu beachten: Inwiefern handelt es sich um Kenntnisse und Fertigkeiten, die tatsächlich im Religionsunterricht erworben wurden, wie groß sind die außerunterrichtlichen Einflüsse? Was wird eigentlich genau gemessen? Wie ist es um die Nachhaltigkeit des Lernens bestellt? Was wissen wir wirklich darüber, was der Religionsunterricht in den Köpfen der Lernenden langfristig bewegt? Müssen die Schüler/innen träges Wissen nur kurzfristig und einmalig wiedergeben oder wird der Lernzuwachs auch langfristig gesichert, werden Kenntnisse später aufgegriffen? Inwiefern liegt eine Abfrage von Wissen oder eine Überprüfung von erworbenen oder erweiterten Kompetenzen durch eine angemessene, neue Anforderungssituation vor (siehe Kap. 3.b)?

Theologisch müssen Lehrkräfte sich (und den Schüler/innen) immer wieder deutlich machen, dass die Leistungsbeurteilung zwar ein wichtiger Bereich ist, zugleich aber nichts über den Wert eines Menschen an sich aussagt, der unabhängig von seiner Leistungsfähigkeit unermesslich groß ist, sich aus der Gottebenbildlichkeit des Menschen ergibt und sich in der reformatorischen Rechtfertigungslehre fortsetzt.

Was kann eine Lehrkraft zu einem Thema in einer bestimmten Jahrgangsstufe überhaupt erwarten? Zur Beantwortung dieser Frage helfen wiederkehrende Lernstandserhebungen. Diese erweitern das Wissen der Lehrkräfte über die Einstellungen, die Haltungen, die Kenntnisse, die Fähigkeiten und Fertigkeiten der Lernenden. Dabei geht es um das thematische Vorwissen und das bereits erworbene Methodenrepertoire. Dazu kann man systematisch Erhebungen sowie Vorabfragen in einer Lerngruppe durchführen oder auf sog. professionelles Erfahrungswissen vertrauen. Auch so gelingt ein möglichst passgenauer

Unterricht, der die Lernenden nicht langweilt, unter- oder überfordert. Nicht zuletzt bietet sich durch möglichst genaue Lernstandsdiagnosen die Möglichkeit, die Rückmeldefunktion einer Leistungsbeurteilung in den Vordergrund zu stellen, um so neben der kriteriumsorientierten (inhaltliche Kriterien) oder der sozialen (Vergleich mit anderen Personen), auch die individuelle Bezugsnorm für die persönliche Leistungsentwicklung zu betonen (siehe Kap. 3.c).

Leistungen bewerten

g. Außerschulische Lernorte

Schüler/innen nehmen einen Lernortwechsel als eine willkommene Unterbrechung des Schulalltags wahr. Indem sie an realen Gegenständen, im Kontakt mit Experten/innen oder authentischen Vertretern/innen lernen, gewinnen sie neue Erfahrungen in der direkten Begegnung. Smartphones bieten zusätzlich durch ihre integrierte Geodaten-Funktion oder durch QR-Codes neue Möglichkeiten digitaler Schnitzeljagden. So können Schüler/innen das direkte oder größere Umfeld der Schule erkunden und erleben zugleich die Gemeinschaft ihrer Lerngruppe noch einmal neu. Für die Schule als Organisation bieten sich auf diesem Weg Chancen einer Öffnung gegenüber dem Schulort, neue Kontaktmöglichkeiten und unter Umständen sogar der Abschluss von nachhaltigen Kooperationen, die unabhängig vom Engagement einzelner Lehrkräfte Bestand haben können.

In diesem Kapitel soll an ausgewählten Beispielen gezeigt werden, dass sich der Gang mit einer Klasse aus der Schule heraus für den Religionsunterricht lohnt – trotz der durchaus denkbaren Nachteile (Mehraufwand bei der Planung, Vor- oder Nachbereitung und Aufstellen von Verhaltensregeln, Disziplinschwierigkeiten mit einzelnen Schüler/innen, Herausforderungen der Aufsicht außerhalb der Schule).

Kirchenraumpädagogik/Pädagogik für wert-volle Orte

Kinder und Jugendliche nehmen die allgegenwärtigen Kirchengebäude zwar wahr, sind sich aber der besonderen und symbolischen Bedeutung mitunter nicht bewusst. Aufgrund von Faktoren wie Säkularisierung und Tradierungskrise werden sie auch nicht mehr unbedingt familiär an Kirche und ihre Gemeinden herangeführt. Die von der Museumspädagogik beeinflusste Kirchenraumpädagogik setzt hier an und stellt das Gebäude und den Raum der Kirche in den Mittelpunkt. Zusammenfassend lässt sich sagen, dass Kirchenraumpädagogik zwei Ziele verfolgt:

1. *Schüler/innen entdecken den Kirchenraum und erschließen sich diesen selbst.* Dabei zielen die Methoden weniger auf einen kognitiven, an Zahlen und Fakten orientierten Zugang, sondern versuchen durch handlungsorientierte, alle Sinne einbeziehende Verfahren, Schüler/innen zu aktivieren (z. B. durch Konzentration auf Wahrnehmungen der Akustik oder der Gerüche des Raumes; durch Suche nach Details im Kirchenraum, die zuvor fotografiert wurden; durch praktische Verfahren zur Vermessung des Raumes; Ertasten von Gegenständen oder Wänden mit verbundenen Augen; Formen oder Strukturen werden mit Folie ab- bzw. nachgebildet).

2. *Schüler/innen gewinnen neue Erfahrungen in einem sakralen, wert-vollen Raum,* die den mitunter vorhandenen negativen, möglicherweise aus Unkenntnis resultierenden Einstellungen positive Erlebnisse entgegenstellen (z. B. werden Psalmworte oder zuvor ausgewählte Lieblingsverse von der Kanzel gesprochen und von den Kirchenbänken gehört, Lieder werden gesungen oder der Orgel zugehört, Kerzen entzündet, eigene Wahrnehmungen in einem individuellen Kirchenbuch notiert). Natürlich sind gemeinsame Gebete oder die Planung gemeinsamer Gottesdienste denkbar. Angesichts zunehmend religiös heterogener Gruppen auch im konfessionellen Religionsunterricht ist hierbei jedoch Fingerspitzengefühl und Augenmaß seitens der Lehrkraft erforderlich.

Die handlungs-, erfahrungs- und ästhetisch orientierten Zugänge der Kirchenraumpädagogik eignen sich nicht nur zur Erkundung von Kirchen, sondern genauso auch zur Entdeckung religiöser Räume anderer Religionen und Gemeinschaften. Diese können, besonders wenn sie verbunden werden mit einem Kontakt zu authentischen Vertretern/innen, zu Lernorten direkter interreligiöser Begegnung werden (siehe Kap. 4.c). Insofern denkt die Pädagogik religiöser Räume die Kirchenraumpädagogik im Sinne eines pluralitätsfähigen Religionsunterrichts weiter.

Friedhöfe

Bei der Behandlung der Thematik des Sterbens, des Todes und von Trauer im Religionsunterricht bieten sich Friedhöfe für außerschulische Entdeckungen vor Ort an. Auch hier lässt sich ein mitunter unbekanntes oder gemiedenes Areal neu erschließen. Dies kann durch eher kognitive Verfahren, wie der Entwicklung eines Plans des Friedhofes oder durch individuelle kreative Auseinandersetzungen mit einzelnen Grabstätten geschehen. Auch die Veränderung eines gesellschaftlichen Umgangs mit dem Tod lässt sich hier praktisch anhand der veränderten Bestattungskultur nachvollziehen. Führungen bspw. von den örtlichen Pastoren bieten sich an.

Denkmäler

Denkmäler gibt es eigentlich in jeder Stadt, die meisten in Deutschland wohl für die Gefallenen des Ersten Weltkrieges. Sie werden aus vielerlei Gründen oft unterschätzt, dabei lässt sich an ihnen viel erarbeiten. Sie wurden in einer bestimmten Zeit erstellt und die Menschen in dieser Zeit wollten mit dem Denkmal ihre Geschichte erzählen. Gerade religiöse Bedeutungen werden dabei oft mittransportiert. Der Umgang mit diesen Denkmälern verändert sich immer wieder, jede Generation hat einen neuen Zugang. So kann ein Denkmal für die gefallenen Soldaten im Ersten Weltkrieg erst ein Ort der Trauer, später ein Ort der Heldenverehrung und in der Gegenwart ein Ort des Vergessens sein, da das Denkmal kaum noch wahrgenommen wird (siehe Kap. 4.d).

Orte diakonischen/sozialen Lernens

Vorurteile abzubauen, Schüler/innen Möglichkeiten sozialen Engagements aufzuzeigen – das kann an Orten diakonischen und sozialen Lernens wie z. B. Wohnheimen für ältere oder Menschen mit einer Behinderung, dem Eine-Welt-Laden der Kirche, den örtlichen Tafeln, den Hospizen, Einrichtungen der Diakonie, der Caritas wie z. B. Beratungsstellen oder anderen ehrenamtlichen Organisationen gut geschehen. Denkbar ist eine ganze Bandbreite: von einem einmaligen Besuch im Rahmen des Religionsunterrichts, über Konzertbesuche und Ausstellungen zu menschlichen Schicksalen heute bis hin zu einem institutionalisierten, begleiteten Praktikum in einer Klassenstufe als Compassion-Projekt.

Außerschulische Lernorte

h. Religionsunterricht in der Oberstufe

»Eine gymnasiale Religionsdidaktik oder gar eine Didaktik des Religionsunterrichts der gymnasialen Oberstufe sind […] Desiderate.« (Grethlein, 2006, S. 169). Insofern ist es schwer, darzustellen, worauf es im Religionsunterricht in der Oberstufe ankommt. Dennoch gibt es Hinweise und Orientierungen:

Die Oberstufe soll nach den derzeitigen Vereinbarungen der Kultusministerkonferenz vor allem drei Ziele verfolgen:
1. *vertiefte Allgemeinbildung,*
2. *allgemeine Studierfähigkeit und*
3. *wissenschaftspropädeutische Bildung.*

Damit verbunden sind u. a. die Fähigkeit zur »systematischen Beschaffung, Strukturierung und Nutzung von Informationen« sowie das Erlernen von »Selbstständigkeit und Eigenverantwortlichkeit«. Somit sei das Ziel eben auch die »Erziehung, die zur Persönlichkeitsentwicklung und -stärkung, zur Gestaltung des eigenen Lebens in sozialer Verantwortung sowie zur Mitwirkung in der demokratischen Gesellschaft befähigt.« (KMK, 2013, S. 5)

Das Fach Religion kann hierzu spezifische Beiträge leisten. Denn auch in diesem Fach geht es um die kritische Reflexion, also um Abwägungsprozesse, die am Ende einer zu erörternden Frage stehen. Hiermit verbunden und auch darüber hinausgehend geht es im Religionsunterricht der Oberstufe um Fragen, »die über den eigenen Lebensentwurf, die je eigene Deutung der Wirklichkeit und die individuellen Handlungsoptionen entscheiden.« Wenn der Religionsunterricht hiernach gelingt, dann kann er insofern »einen eigenen Horizont des Weltverstehens« eröffnen (EKD, Texte 109, 2010, S. 9).

Interessen berücksichtigen

Viele Lehrpläne in den einzelnen Bundesländern sind offen gestaltet, selbst einzelne Unterthemen wie »Freiheit« oder »Glück« bedeuten große inhaltliche Felder. Diese Offenheit überlässt zugleich der Lehrkraft Spielraum, zu entscheiden, welche Themen behandelt werden. Damit ist die Chance verbunden, auf die Interessen der Schüler/innen und ihre aktuellen Fragen zum Weltverstehen einzugehen. Diese Schüler/innenorientierung kann sich wiederum positiv auf deren Motivation im Unterricht auswirken (siehe Kap. 3.a).

Andererseits können aufgrund dieser Offenheit und der Vielzahl der Themen nicht alle behandelt werden. Dies gilt umso mehr, wenn man bedenkt, dass bspw. in den Berufsschulen Religionsunterricht bisweilen nur einstündig erteilt wird. Religionsunterricht in der Oberstufe gelingt daher dann, wenn er es schafft, eine Weiterbeschäftigung mit den Themen zu initiieren, und zwar explizit nach dem Schulabschluss. Hierfür ist nicht nur die Orientierung an den Interessen der Schüler/innen wichtig, sondern auch an aktuellen gesellschaftlichen Fragen – beides hängt oft miteinander zusammen. Nach vorliegenden empirischen Befunden interessieren sich die Schüler/innen vor allem für lebensrelevante und lebensnahe Themen (Völker, 2015). Religionsunterricht sollte insofern kein Unterricht sein, der statisch ist, den die Lehrkraft Schuljahr für Schuljahr wiederholt, sondern der flexibel ist, sich auf die Veränderungen von Jugend und Gesellschaft einstellt.

Wissenschaftspropädeutik

Der wissenschaftpropädeutische Ansatz (und damit ein Aspekt der Studierfähigkeit) impliziert zugleich eine abwägende und kritische Auseinandersetzung u. a. mit der christlichen Religion. Damit ist zugleich verbunden, dass die Schüler/innen lernen, die biblischen Schriften historisch-kritisch zu analysieren. Hiermit kann ebenso erlernt werden, auch anderen Texten gegenüber eine entsprechende Quellenkritik anzuwenden. Dies ist im 21. Jahrhundert insofern von fundamentaler Bedeutung, da die Schüler/innen lernen müssen, sich in der Informationsflut vor allem durch das Internet zurechtzufinden, die Quellen hinterfragen, bewerten und deuten zu können. Diese Quellenkritik bezieht sich also auch auf alle anderen Wissenschaftsdisziplinen und auf deren Grenzen hinsichtlich der Aussagekraft ihrer Ergebnisse und Weltbilder.

Aber auch die üblichen Arbeitstechniken der Wissenschaftspropädeutik anwenden zu können, ist wichtig. Hierzu zählt u. a. die Fähigkeit, untersuchbare Leitfragen formulieren und entsprechende Quellennachweise aufzeigen zu können und damit die Notwendigkeit zu erkennen, dass Transparenz im Herleitungsprozess der eigenen Thesen bedeutend ist: Worauf basiert das, was ich als eigenen Wissensbestand oder als eigene Position darstelle?

Kritisches Hinterfragen

Die kritischen Rückfragen an die christliche Religion sind ebenso an die anderen Religionen zu stellen. So sollte der Religionsunterricht in der Oberstufe eben auch »zu einer kritischen Toleranz gegenüber den Wahrheitsansprüchen der Religionen« beitragen (EKD, Texte 109, 2010, S. 9). Hierbei sollte der Dialog zu einem zentralen Merkmal des Religionsunterrichts werden. Dies bezieht sich einerseits auf das Unterrichtsgespräch, wobei die Lehrkraft dazu beitragen sollte, einen offenen Dialog zu ermöglichen (siehe Kap. 4.e.). Der Religionsunterricht muss ein »Raum der Freiheit« sein, »der geprägt ist durch das Hören aufeinander, das freie Wort und die Überzeugungskraft des Arguments« (EKD, Texte 109, 2010, S. 19). Andererseits sollte der Religionsunterricht dazu beitragen, mit unterschiedlichen Religionen bzw. Weltanschauungen in einen Dialog treten zu können, damit die Schüler/innen dialogfähig werden. Dazu gehört es, »fremde Überzeugungen zu verstehen und zugleich eine eigene Auffassung zu entwickeln.« (EKD, Texte 109, 2010, S. 9)

Zwar kann nicht vorausgesetzt werden, dass die Schüler/innen einen christlichen Hintergrund haben oder an Gott glauben, schließlich spielen bei der Wahl des Faches nicht selten andere Aspekte eine wichtigere Rolle. Dennoch sollte auch trotz der Auseinandersetzung mit anderen Religionen die christliche nicht in den Hintergrund rücken. Entsprechende christlich-theologische Antworten können Ausgangspunkt der Auseinandersetzung sein, sie können zum Nachdenken anregen und möglicherweise auch Antworten auf die Fragen der Schüler/innen geben. So kann bspw. die Frage danach, wie man in der Welt handeln soll, christlich-ethisch, mit der Menschenwürde, einer ausgleichenden Gerechtigkeit oder des Friedenspostulats beantwortet werden. Ob diese Antworten den Einzelnen überzeugen, obliegt ihm. Die Lehrkraft sollte den Schüler/innen diese Antwortmöglichkeiten ausbreiten, um sie zur Auseinandersetzung damit zu bewegen, damit sie die Welt etwas besser verstehen und ihre eigenen Antworten finden.

Religionsunterricht in der Oberstufe

i. Perspektiven erweitern: Religionsunterricht, Schulkultur und Gesellschaft

Gute Lehrkräfte im Fach Religion zeichnen sich nicht nur dadurch aus, dass sie guten Unterricht in ihrem Fach gestalten, sondern auch dadurch, dass sie über den Tellerrand ihres Unterrichts hinausblicken. Konkret mündet dies in der Formel, die häufig in Fragen der Schulentwicklung verwendet wird. Demnach ist eine Erweiterung der eigenen Perspektive gefragt, sodass es nicht mehr um »Ich und mein Unterricht geht«, sondern um: »Wir und unsere Schule.«

Das heißt, die Lehrkraft im Fach Religion – wie auch die anderer Fächer – sollte versuchen, die Schule und damit das Schulleben mitzugestalten. Das bringt trotz etwaiger Belastungen oft sehr viel Freude. Es ist zudem nicht unberechtigt, zu sagen, dass diese Mitgestaltung für die Religionslehrkräfte im besonderen Maße gilt. Steht das Fach doch in manchen Schulen unter einem Legitimationsdruck der sich zunehmend säkularisierenden, religiös individualisierenden Gesellschaft.

Dass der Religionsunterricht auch jenseits des Klassenraums präsent ist, sollte nicht mit einer versuchten Überwältigung oder dem Aufzwingen von Glaubensvorstellungen gleichgesetzt werden. Vielmehr geht es erstens darum, die christliche Religion als einen Weg darzulegen, wie die Welt gesehen, gedeutet und gestaltet werden kann. Zweitens stellt der christliche Glaube einen wesentlichen Teil des ethischen Fundaments unserer Gesellschaft dar – auch jenseits aller Glaubensfragen, er gehört also zu unserer Gesellschaft.

Die Religionslehrkraft kann das Schulleben insofern mitgestalten, als sie versucht, Werte- und Glaubensfragen in die ganze Schulgemeinschaft hineinzutragen. Das heißt nicht, dass sie dies allein organisieren muss. Vielmehr ist es sinnvoll, Partner zu suchen: Schüler/innen, Fachkolleg/innen oder die anderer Fächer oder außerschulische Partner, damit solche Projekte nicht auf eine Person zugeschnitten sind, die nach einem möglichen Weggehen dieser Lehrkraft dann schnell wieder verschwinden.

Um dies an konkreten Beispielen zu verdeutlichen: Christliche Werte wie Nächstenliebe können durch Fragen wie den Fairen Handel thematisiert werden. Dies kann z. B. durch einen Fair-Trade-Shop und den regelmäßigen Verkauf durch Schüler/innen geschehen. Es kann ebenso durch die Gestaltung eines schulischen Weihnachtsfestes oder eines Weihnachtsmarktes erfolgen. An den Schulen, an denen dies realisiert wird, sieht man oft Veranstaltungen, die die ganze Schulgemeinschaft bereichern. Will man eine solche Idee zum ersten Mal realisieren, empfiehlt es sich, klein anzufangen, bspw. könnte man ein Weihnachtsfest für eine Klassenstufe organisieren. Zugleich sollten Schüler/

innen bzw. Klassen involviert werden. Es ergibt Sinn, diese Projekte aus dem Unterricht erwachsen zu lassen. Das Einbeziehen von Schüler/innen in den Realisierungsprozess ist also nicht nur deshalb sinnvoll, um den Aufwand für sich selbst zu begrenzen, sondern zugleich, damit die beteiligten Schüler/innen dabei möglichst viel lernen, bspw., wie ein solches Projekt gestaltet wird (siehe Kap. 5. i) und vor allem: dass sie Schule (und damit Gesellschaft) mitgestalten können. Dabei sind die auftretenden Widerstände mitzubedenken, denn nicht alle Mitglieder der Schulgemeinschaft finden so etwas gut, die Motive sind dabei zumeist sehr unterschiedlich. Es ist ratsam, sich Strategien zu überlegen, damit diese Widerstände nicht zu groß werden. Zwingend erforderlich ist es in jedem Fall, die Schulleitung mit ins Boot zu holen.

Für eine Fachschaft wäre es möglich, am Reformationstag einen Projekttag Religion(-en) zu organisieren, thematisch in jedem Jahr anders. Die Schulgemeinschaft weiß dann, dass jedes Jahr an diesem Tag diese Fachschaft etwas organisiert. Dies kann bspw. auch der Besuch eines Reformationsgottesdienstes sein, ebenso wäre ein Einschulungsgottesdienst möglich. Die örtlichen Kirchen lassen sich in der Regel als Kooperationspartner dafür gewinnen. Dabei muss eine regelmäßige Veranstaltung nicht auf die christliche Religion beschränkt sein. Vielmehr bieten sich gerade bei einer religiös-heterogenen Schülerschaft auch interreligiöse Veranstaltungen an. Dies könnte eine Veranstaltung sein, bei der sich die jeweiligen Glaubensgemeinschaften präsentieren, möglicherweise auch im Kontext eines Kulturfestes. Klappt dies, kann es ein wichtiges Signal sein: In unserer Schule schaffen wir, dass die Religionen gemeinsam etwas organisieren bzw. gemeinsam feiern, dann kann dies auch im Großen möglich sein.

Damit ist der letzte Punkte angedeutet: Der sog. Tellerrand guter Lehrkräfte endet nicht beim eigenen Unterricht, auch nicht an der Grenze des Schulhofs, vielmehr sehen sie sich als einen Teil der Gesellschaft und damit auch ihre Mitverantwortung.

Perspektiven erweitern: Religionsunterricht, Schulkultur und Gesellschaft

4 Handlungsfeld Religionsunterricht

a. Biblische Texte verstehen und deuten

Mit unterschiedlicher Gewichtung haben biblische Texte im Religionsunterricht bis heute immer eine Rolle gespielt. Dies begründet sich in der theologischen Bedeutung der Bibel als Ur-kunde, aber ebenso in ihrer Bedeutung für eine allgemeine Bildung, für individuelle Identitätsentwicklung oder als ein ethisches Korrektiv. Unterschiedlich waren und sind jedoch immer der Ausgangspunkt und die Richtung der didaktischen Bemühungen gewesen. In Analogie zur schematisierten Darstellung der klassischen Konzeptionen des Religionsunterrichts (siehe Kap. 2.d) lassen sich auch in der Auseinandersetzung mit der Bibel im Religionsunterricht historisch drei unterschiedliche Ansätze darstellen.

Bibeldidaktische Orientierungen seit 1945

1. Im unter der Überschrift der Evangelischen Unterweisung (ca. 1945–1960) stehenden Religionsunterricht wurden biblische Texte erzählt, biblische Verse auswendig gelernt, gesungen, gebetet oder ganze Passagen in Bildern dargestellt. Diese vom Bibeltext an sich ausgehende Didaktik zielte auf den gläubigen, interessierten Lernenden. Auch der hermeneutische Ansatz (ca. ab 1960) ging vom biblischen Text aus und zielte auf das Verstehen durch die Lernenden. Dazu bedurfte es jedoch, im Gegensatz zur Bekenntnisorientierung der Evangelischen Unterweisung, intensiverer wissenschaftlicher Vorgehensweisen und einer fachwissenschaftlich-exegetischen Expertise aufseiten der Lehrenden. In der Folge sollten, so zumindest die Intention, auf der Seite der Lernenden fundierte methodisch-exegetische Kenntnisse entstehen, durch die das Schulfach Religion im schulischen Kontext noch einmal anders, aus einer allgemeinen Bildungsperspektive begründet werden konnte. Gleichwohl blieb der Frage- und Interessenhorizont der Schüler/innen mitunter unbeachtet, was u. a. zu Demotivation, Desinteresse und vermehrten Abmeldungen führte.

2. Die folgende Neuausrichtung durch den problemorientierten Ansatz setzte an der Schwäche des hermeneutischen Ansatzes an und kehrte in bibeldidaktischer Hinsicht die Perspektive um. So ging er von den Anliegen der Lernenden sowie (deren) gesellschaftlichen Fragestellungen aus und verdrängte die Bibel von der bis dato unangefochtenen Mittelpunktstellung. »Unterricht über biblische Texte« (Nipkow, 1971, S. 236) wurde zu einem »Unterricht über das Christsein und Menschsein in der Welt in der Gegenwart« (ebd., S. 252), mit einer eher kontextuellen Thematisierung der biblischen Texte, was diesem Ansatz auch den Vorwurf einer inhaltlichen Verflachung und Beliebigkeit einbrachte.

Konzepte heute

Heutige Konzepte der Behandlung biblischer Texte im Religionsunterricht verfolgen einen Ausgleich der oben skizzierten Ansätze. Dazu gehören bspw. die biblische Symboldidaktik, die korrelative, dialogische, interaktionale, dramatisch- oder erfahrungsorientierte Bibeldidaktik (siehe Kap. 2.d).

Hier geht es darum, Fragen, Interessen und Erfahrungen der Schüler/innen aufzugreifen, zugleich aber dem biblischen Text und exegetischen Disziplinen gleichermaßen gerecht zu werden. Die Lernenden sollen erkennen, welche Lebensrelevanz der alte Text für sie heute noch haben kann, sie sollen sich selbst und mit ihren Erfahrungen im Text wiederfinden. Insofern kann es im Prinzip weder rein biblische noch rein ethische Themen im Religionsunterricht geben (siehe Kap. 4.b) – eine Ausnahme bildet höchstens die Erschließung der Bibel in ihrer Struktur und Buchwerdung. Religionsunterricht wird lebendig, wenn deutlich wird, welche Bedeutung ein biblischer Text für das Leben heutiger Schüler/innen haben kann.

Gelingen kann dies mit sorgfältiger fachlicher, exegetischer Vorarbeit der Lehrkraft (siehe Kap. 1), spezifischen Methoden des RU (siehe Kap. 5) und einer Bereitschaft der Lehrkraft selbst (siehe Kap. 2.c) und der Lerngruppe (siehe Kap. 2.a und 2.b sowie 3.c), sich der theologischen Dimension der Texte zu stellen.

Konkrete Umsetzung

Aufgrund der Vielfalt biblischer Texte können hier nur in wesentlichen Grundstrukturen erste Hinweise für eine praktische Umsetzung gegeben werden. Fest steht nur, dass der ansatzlose Beginn einer Lehrkraft mit »Heute machen wir Bibel!« nicht sofort unbändige Begeisterung auslösen wird. Alternativ bieten sich drei Vorgehensweisen an:

1. *Die Lehrkraft entwickelt aus einem alltagsbezogenen Thema heraus eine Verbindung oder Parallele zu einem oder mehreren biblischen Texten, z. B.:*
   - Die Schüler/innen lesen, nach einer erfahrungsorientierten Thematisierung ihrer Ängste, Psalmworte von Angst und Hoffnung und setzen beides in Beziehung.
   - Der Umgang mit der Natur wird zum Hintergrund der Thematisierung des Herrschaftsauftrages des jüngeren Schöpfungsberichts.
2. *Aus der Annäherung an einen biblischen Text entstehen Hinweise für die heutige Lebenswelt, z. B.:*
   - Gleichnisse werden im Unterricht hinsichtlich ihrer Vision vom Reich Gottes und eines guten, gelingenden Zusammenlebens einer Gesellschaft untersucht.
   - Wunder werden gelesen als eine mögliche Befreiung von Lebensbegrenzungen und als eine Option jenseits dessen, was rational erklärbar ist.
3. *Der fortlaufende, spannungsgeladene Erzählzusammenhang bestimmter biblischer Bücher (besonders des Alten Testaments) wird zum Rahmen für die Entfaltung von die Schüler/innen betreffenden Themen über eine ganze Einheit hinweg, z. B.:*
   - Die Josefsnovelle ist (auch) eine Thematisierung von Geschwisterkonflikten, die Schüler/innen aus ihrer Erfahrung kennen.
   - Der Aufstieg und Fall Davids wird zum Beispiel eines zwiespältigen Helden.

Systematisierende Darstellungen zur Orientierung

1. Horst Klaus Berg (1993, S. 78 ff.) beschreibt in inhaltlicher Hinsicht eine für Schüler/innen nachvollziehbare Systematik von *sechs »Grundbescheiden«*, denen jeweils biblische Texte zugeordnet werden können und die heutigen Lebenszusammenhängen sowie Erfahrungen gerecht wird:

   (1. Gott schenkt Leben/Schöpfung; 2. Gott stiftet Gemeinschaft/Liebe, Partnerschaft, Bund, Ökumene; 3. Gott leidet mit und an seinem Volk/Leiden und Leidenschaft; 4. Gott befreit die Unterdrückten/Befreiung; 5. Gott gibt seinen Geist/Heiliger Geist und Begeisterung; 6. Gott herrscht in Ewigkeit/Gottesherrschaft, Schalom).

   Auch seine Beschreibung wiederkehrender Glaubenserfahrungen in der Bibel als »durchgehende Linien« (Glauben und Vertrauen; Lieben; Hoffen; Zweifeln und Verzweifeln; Klagen; Sich-freuen; Nachfolgen) kann als Grundmuster gegen eine Vereinzelung und Zersplitterung biblischer Texte im Unterricht dienen und zugleich biblische und erfahrungsbezogene Themen verschränken (Berg, 1995, S. 132 f.).

2. Gerd Theißen (2003, S. 138 ff.) unterscheidet in einer offenen Liste *14 Grundmotive biblischer Texte* (Schöpfung, Weisheit/Erkenntnis, Wunder, Entfremdung von Gott, Hoffnung, Umkehr, Exodus/Befreiung, Stellvertretung, Einwohnung Gottes in der Welt, Glauben, Agape (selbstlose Liebe, Liebe Gottes), Positionswechsel, Gericht/Verantwortung, Rechtfertigung), denen jeweils heutige Erfahrungen und Motive als Grundfragen des Lebens zugeordnet sind.
3. Ingo Baldermann setzt auf die unmittelbare *Wirkung biblischer Texte als Hoffnungstexte* – besonders durch Psalmworte aber auch andere elementare biblische Sprachformen. Diese zeichnen den Weg zur heutigen Erschließung unterschiedlicher biblischer Redeweisen durch Erzählen, Nacherzählen, im Gespräch oder kreative Prozesse für Schüler/innen unmittelbar vor und laden zu Entdeckungen durch die Schüler/innen ein (Baldermann, 1993 und 1996).

Eine persönlichkeitsorientierte Perspektive

Das von Ruth Cohn u. a. vor dem Hintergrund der Psychoanalyse entwickelte Konzept der *Themenzentrierten Interaktion (TZI)* fördert das Verstehen gruppendynamischer Prozesse. Es bietet eine modellhafte Abbildung für Gelingensbedingungen im Unterrichten mit bspw. erfahrungsorientierten Methoden und kann als Begründungsfigur für viele Verfahren der interaktionalen Bibelauslegung fungieren. Das (biblische) Lernen gelingt demnach dann, wenn ein Thema zu seinem Recht kommt, aber nicht über die Köpfe hinweg, sondern interaktional von den beteiligten Personen gestaltet wird. Dabei geht die TZI von vier Faktoren aus (ICH: meine eigene Situation, meine Bedürfnisse, Erwartungen und Empfindungen; WIR: die Gruppe als Interaktionsgemeinschaft und soziales Spannungsfeld; ES: das Thema als zentrierender Bezugspunkt und Gegenstand der Gruppenaktivität; KUGEL/GLOBE: das enge und weitere Umfeld, das die Gruppe beeinflusst), die in gleicher Weise beachtet werden müssen und in gleicher Weise Eingang in den Unterrichtsprozess finden müssen, damit lebendiges Lernen an und mit biblischen Texten gelingen kann.

Biblische Texte verstehen und deuten
Bibeldidaktische Orientierungen seit 1945

Biblische Texte verstehen und deuten
Konzept der Themenzentrierten Interaktion (TZI)

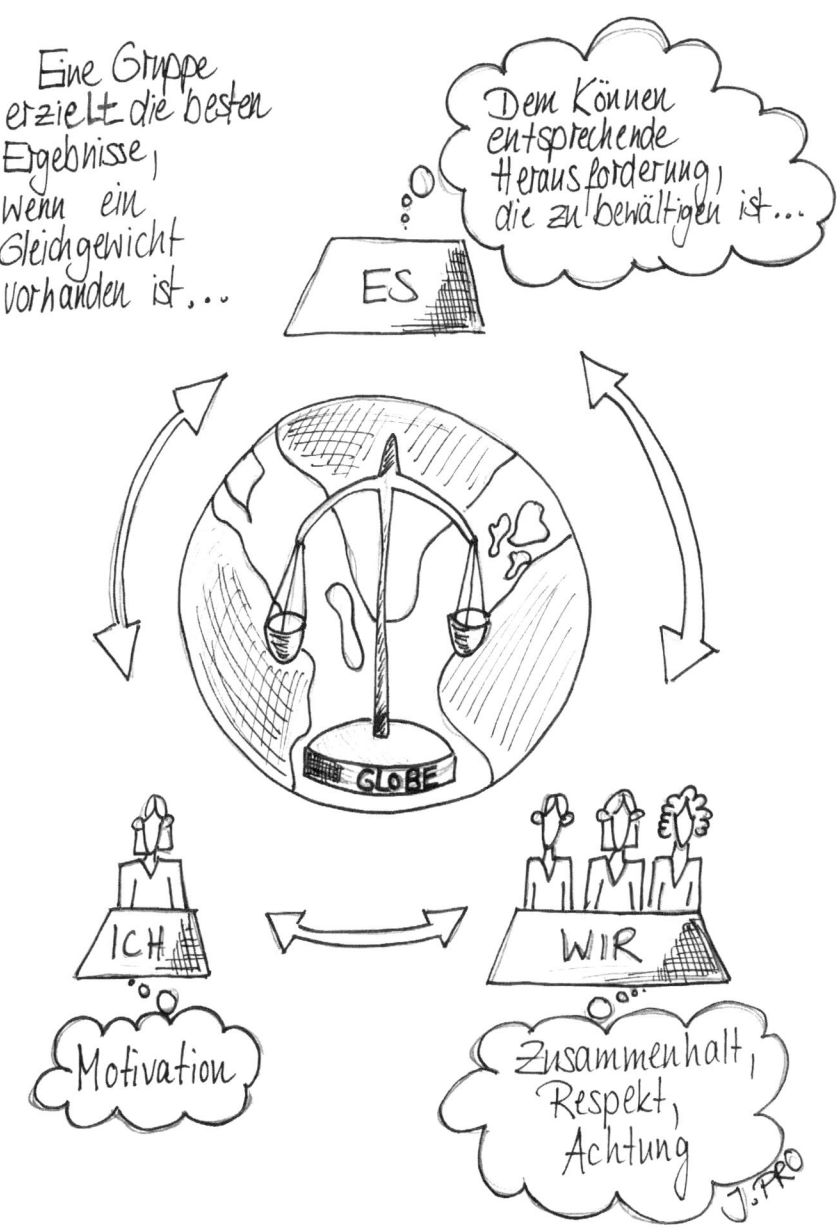

b. Ethische Entscheidungssituationen wahrnehmen und begründet handeln

Nimmt man das religiöse Profil des Religionsunterrichts einerseits und die Ausrichtung auf Erfahrungen der Schüler/innen und ihre Lebenswelt andererseits Ernst, gibt es weder rein ethische noch rein biblische Themen (siehe Kap. 4.a) im Religionsunterricht. So kommen ethische Themen ebenso wenig ohne einen Bezug zu einem wie auch immer konkret definierten christlichen Wertekanon oder Begründungszusammenhang aus, wie genuin biblische Themen ohne Bezug zu heutigen Handlungs- oder Denkfeldern. Vielleicht unterscheiden sie sich allenfalls in ihrem konkreten unterrichtlichen Ausgangspunkt.

Ethische Fragestellungen sind Kernbestand des Religionsunterrichts – mit der grundsätzlichen Thematisierung von Grundfragen menschlichen (Zusammen-)Lebens, von Pluralität, Verantwortung, Freiheit, Schuld und Wiedergutmachung, von Fehlerfreundlichkeit. Sie begegnen im konkreten Unterricht in grundsätzlichen (z. B.: Darf der Mensch alles, was er kann?), aktuellen (z. B.: Welche Gesetzeslage zur Sterbehilfe halte ich für angemessen?) und ganz konkreten (z. B.: Wann ist eigentlich eine Notlüge vertretbar?) Zusammenhängen. Sie vertiefen die Urteilskompetenz der Schüler/innen und stellen einen Begründungszusammenhang her, damit ethisches Handeln nachvollziehbar und anwendbar wird.

Begriffliche Differenzierungen

Während Moral zumeist eher konkrete Handlungsmuster oder Verhaltensweisen von Individuen oder Gruppen meint, bezeichnet Ethik als universale Grundüberzeugung generell die Begründungsbasis von Werten und Moral. »Ethik ist die Reflexion menschlicher Lebensführung« (Huber, 2015, S. 10).

Modelle ethischer Bildung

Wie funktioniert ethische Erziehung und ethisches Lernen in der Schule? Allgemein unterscheidet man im Wesentlichen vier Modelle ethischer Bildung mit einem steigenden Reflexionsgrad aufseiten der Lernenden:
- *Wertübertragung:* Kinder bzw. Jugendliche übernehmen Werte durch Orientierung an Vorbildern.
- *Werterhellung:* Übernommene Werte werden als solche erkannt, der Mensch kann sich dieser bewusst werden und davon emanzipieren.

- *Werteentwicklung:* Urteilskompetenz wird durch Konfrontation mit Dilemmata (stufenweise, s. u.) erhöht.
- *Wertekommunikation:* Betrachtung der Urteilskompetenz durch Kommunikation über Werte.

Nicht zuletzt können Werte auch durch (gemeinsames) Handeln entwickelt werden.

Der Beitrag des Evangelischen Religionsunterrichtes

Der Religionsunterricht kann angesichts aktueller Herausforderungen zentrale Aspekte christlicher Ethik thematisieren: Nächstenliebe (Doppelgebot der Liebe), die Goldene Regel, die Zehn Gebote, glückliches, (»ewiges«) Leben u. a. (je nach Kontext). Begründet ist die christliche Ethik in der Gottesbeziehung (Gottebenbildlichkeit, unbedingte Zusage an den Mensch durch Christus), durch Jesus als Vorbild, im Schöpfungsauftrag und im Aufruf zu Gemeinschaft und Nachfolge. Die christliche Ethik konkretisiert sich in spezifischen Werten, Geboten und Überzeugungen.

Unterrichtliche Umsetzung

In besonderer Weise bieten sich bei der Thematisierung ethischer Themen im Religionsunterricht Dilemma-Geschichten an, welche zwei (oder mehr) Lösungsmöglichkeiten bieten, die alle nicht zu einem zweifelsfreien Resultat führen. So werden Lernende in (theoretische) Entscheidungen und deren Begründung gezwungen. Zusätzlich erweist sich häufig ein unterrichtlicher Drei-Schritt als hilfreich:
1. *Sehen:* Bestandsaufnahme – Welches sind die zentralen Herausforderungen und Probleme?
2. *Urteilen:* Welche Quellen liefern Orientierung bzw. Anhaltspunkte? Welches könnte der eigene, individuelle Beitrag für die ethische Diskussion sein?
3. *Eigene Positionierung/Handeln:* Konsequenzen ziehen

Modelle der Moralentwicklung

Ähnlich wie bei der Entwicklung der Gottesbilder und des Glaubens (siehe Kap. 2.b) versuchen auch Untersuchungen zum moralischen Urteil der Heranwachsenden einzelne Entwicklungsstufen modellhaft zu beschreiben. Diese Modelle können eine erste orientierende Planungshilfe sein, um Lernende weder zu über- noch zu unterfordern. Zwei klassische Modelle seien kurz genannt.

Jean Piaget (1896–1980)

Piaget untersuchte die Entwicklung des moralischen Urteils der Heranwachsenden durch kleine Geschichten über moralische Verstöße, die Kindern zusammen mit Fragen zur Bewertung vorgelegt wurden. Die Antwortmuster wurden in drei Stufen gebündelt.

Keine Stufe: rein spielerischer Umgang, ohne Verpflichtung
Stufe 1: Heteronome Pflichtmoral (bis 7) → bestehende Normen und Regeln sind verpflichtend
Stufe 2: Gerechtigkeitssinn (7–9 Jahre) → Abstimmung und Absprache mit anderen sind erforderlich
Stufe 3: Autonome Gerechtigkeitsmoral (ab 9) → Kinder verhalten sich gegenüber Regeln und Normen autonom und ggf. verändernd

Lawrence Kohlberg (1927–1987)

Kohlberg übernahm die Fragestellung Piagets (Gibt es Stufen des moralischen Urteils?), die Methode (Beispielgeschichten → sog. Heinz-Dilemma) und die Grundstruktur der Ergebnisse (drei Stufen). Darauf aufbauend entwickelte er ein komplexeres Stufenmodell in sich stimmiger moralischer Einstellungen:

I. Präkonventionell
Stufe 1: Orientierung an Strafe und Gehorsam (Was bringt Lob, was Bestrafung?) → Kleinkind
Stufe 2: Orientierung am naiv-instrumentellen Hedonismus (Bedürfnisse anderer wichtig, aber keine zu große individuelle Benachteiligung!) → älteres Kind
II. Konventionell
Stufe 3: Orientierung an nahen, wichtigen Sozialpartnern (Orientierung am moralischen Mehrheitsverhalten: netter Junge, nettes Mädchen) → junger Jugendlicher
Stufe 4: Orientierung an Recht und Ordnung (»Gesetze müssen eingehalten werden.«/moralische Standard-Orientierung) → älterer Jugendlicher
III. Postkonventionell
Stufe 5: Orientierung an einer Gesellschaftsvertragsmoral (»Grundrechte – Leben hat Vorrang vor Gesetz und Ordnung.«/Relativität der Gesetze) → junger Erwachsener
Stufe 6: Orientierung an selbst erkannten universellen ethischen Prinzipien (»Menschliches Leben hat einen nicht zu verrechnenden Wert.«) → wenige Erwachsene

Kohlberg ging davon aus, dass die Abfolge irreversibel und stringent ist: Das Erreichen einer höheren Stufe setzt das Durchlaufen der vorhergehenden voraus. Menschen können so Argumente niedrigerer Stufen verstehen, aber nicht umgekehrt.

Nach Kohlberg ist die zentrale Konsequenz für die Gestaltung des Religionsunterrichts: Moralische Dilemmata müssen diskutiert und ethische Argumente, die der »nächsthöheren« Stufe entsprechen angeboten werden. Freilich muss man immer mit Argumenten »niedrigerer« Stufen rechnen.

Ethische Entscheidungssituationen wahrnehmen und begründet handeln

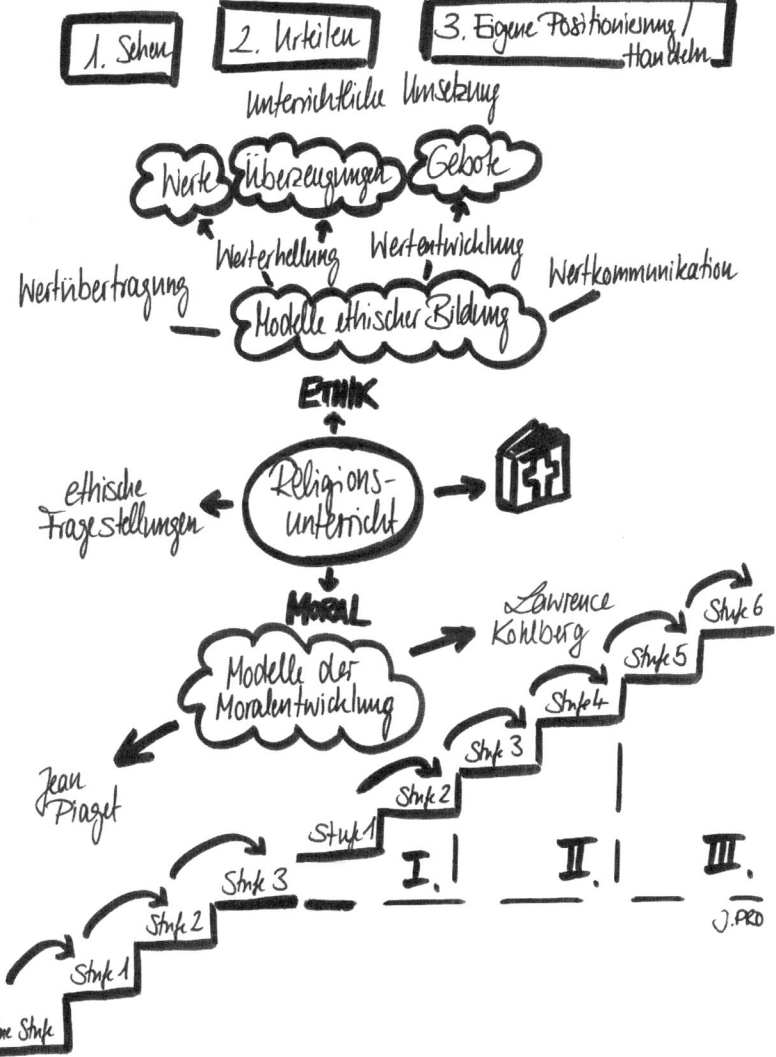

c. Religionen in der Gesellschaft: respektvolle Kommunikation – begründete Auseinandersetzung

Vor dem Hintergrund religiöser Pluralisierung und kultureller Globalisierung (siehe Kap. 2.a) kommt dem interreligiösen Lernen, der Beschäftigung mit den verschiedenen Religionen, eine entscheidende Bedeutung zu. Insgesamt zielt interreligiöses Lernen auf ein besseres Verständnis der fremden und im Rückbezug auch der eigenen Religion. Die Schüler/innen sollen Unsicherheiten, die zu einer abwehrenden Haltung führen, gar nicht erst entwickeln oder ggf. ablegen. Auch sollen sie einen reflektierten eigenen Standpunkt in interreligiöser Hinsicht finden und zugleich lernen, Aspekte, die fremd bleiben, zu akzeptieren und zu tolerieren. Das Globalziel eines friedlichen Zusammenlebens von Anhängern unterschiedlicher Religionen und Weltanschauungen scheint dabei hoch gegriffen, der Religionsunterricht kann jedoch durchaus einen Beitrag dazu leisten. Das kann gelingen, wenn Lehrkräfte andere Religionen im Unterricht in Einheiten thematisieren. Zugleich aber ist es notwendig, dass sie die religiöse Vielfalt als durchgängiges Prinzip im Unterricht im Sinne eines pluralitätsfähigen Religionsunterrichts begreifen.

In historischer Perspektive lässt sich eine Entwicklung seit den 1960er-Jahren feststellen. Mit der tatsächlichen dauerhaften Zuwanderung der sog. »Gastarbeiter«-Generation und deren Verbleib in Deutschland wurden andere Religionen pragmatisch ein Thema des Religionsunterrichts, gleichwohl es von den klassischen Konzeptionen jener Zeit (siehe Kap. 2.d) nur randständig wahrgenommen wurde. Waren es zunächst rein religionskundliche Aspekte, die thematisiert werden sollten, ging es bereits in den 1980er-Jahren um interreligiöse Kommunikationsfähigkeit (Tworuschka, 1983, S. 54) bis Karl Ernst Nipkow in den 1990er-Jahren angesichts der Situation in »den großstädtischen Ballungsgebieten der Bundesrepublik« feststellen konnte: »Das Denken in religiös geschlossenen Räumen gehört der Vergangenheit an« (Nipkow, 1990, S. 447).

Auch in der Benennung der neuen religiösen Vielfalt im Unterricht lassen sich die Veränderungen erkennen. Die Begrifflichkeiten entwickelten sich von »Fremdreligionen« über »Weltreligionen« und »Nachbarschaftsreligionen« zu »Religionen in der Gesellschaft«.

Konzeptionell verankertes interreligiöses Lernen verdankt sich also den Herausforderungen der Praxis, der ein rein monoreligiöser Ansatz nicht gerecht werden konnte und kann.

Religionen in Unterrichtseinheiten thematisieren

Neben grundsätzlichen konzeptionellen Überlegungen zur äußeren Gestalt des Religionsunterrichts, etwa in Form eines religionskundlichen, multireligiösen Unterrichts oder eines Religionsunterrichts in gemeinsamer Verantwortung (siehe Kap. 2.e), stehen zentral didaktisch geprägte, auf die innere Ausgestaltung zielende Konzepte (u. a. nach Lähnemann, Weiße, Leimgruber, Sajak, Schweitzer), deren grundsätzliche Struktur bezogen auf die Unterrichtspraxis durchaus analog verläuft: Neben einer Thematisierung

(1.) *grundlegender Informationen zu einer Religion und deren Deutung,* steht – mindestens gleichberechtigt –

(2.) *die echte Begegnung mit authentischen Vertretern* oder zumindest eine medial inszenierte Begegnung.

Leimgruber beschreibt diesen Lernprozess in fünf Schritten:
1. Fremde Personen und religiöse Zeugnisse mit allen Sinnen wahrnehmen,
2. religiöse Phänomene deuten,
3. durch Begegnung lernen,
4. bleibende Fremdheit akzeptieren und Grenzen des Verstehens hinnehmen und
5. Schüler/innen in eine existenzielle, das eigene Leben betreffende Auseinandersetzung verwickeln (Leimgruber, 2007, S. 108 ff.).

Hans Mendl weist als zentrale Lernprinzipien die Betrachtung von Personen (gelebter Glaube von Menschen, keine Zahlenkolonnen), die Berücksichtigung des Kontextes einer Religion (Beachtung des kulturellen, sozialen und politischen Kontextes, des Lebens in der Familie), die Thematisierung in einzelnen elementaren Schritten (Bezüge zwischen Religionen herstellen, vom Nahen zum Fernen, aufbauendes, interreligiöses Lernen) und Orientierung an Schüler/innen und ihren Interessen aus (Mendl, 2012, S. 131).

Für die Auswahl von Materialien und Medien stellt Johannes Lähnemann hilfreiche Kriterien bereit:
- Angehörige der jeweiligen Religion müssen bei aller Didaktisierung (noch) zustimmen können.
- Materialien müssen Lernwege eröffnen, nicht etwa durch kompakte Informationen hemmen.
- Der jeweilige Lebenskontext und -hintergrund der Religion muss sichtbar werden.
- Materialien sollten zum Vergleich und zu kritischer Auseinandersetzung führen.

– Vorhandene Vorstellungen und Vorurteile der Schüler/innen sollten thematisiert werden (Lähnemann, 1994, S. 145 f.).

Die Lehrkraft sollte sich jedoch jederzeit darüber bewusst sein, dass die Darstellung einer Religion in einer Einheit von acht Unterrichtsstunden ohnehin nur eine Annäherung sein kann. Insofern bedarf es der Ergänzung.

Wahrnehmung religiöser Vielfalt als durchgängiges Prinzip

Die Thematisierung von in der Welt vorhandenen Religionen ist sicherlich ein wesentliches Element interreligiösen Lernens. Wirklich pluralitätsfähig wird der Religionsunterricht vor allem dann, wenn grundsätzlich in Unterrichtseinheiten Verbindungen, Parallelen und Gegensätze zu und zwischen Religionen gezogen werden. Dies kann bspw. in der fünften Klasse zum Thema Umgang mit der »Schöpfung« (verschiedene Schöpfungsberichte in den Religionen und ihre Gemeinsamkeiten) ebenso geschehen, wie in der Diskussion einer Abschlussklasse zum Thema »Sterbehilfe« (Positionen der Kirchen, aber auch anderer Religionen werden thematisiert).

Zur Einordnung

Der Begriff und die Konzeption(-en) des interreligiösen Lernens werfen jedoch auch Unschärfen auf, die nicht unerwähnt bleiben sollen. So suggeriert der Begriff »inter« eine Gleichberechtigung, die mitunter gesellschaftlich nicht existiert. Auch ist der Begriff »Religion« eine (protestantische) Setzung, die nicht nahtlos auf andere Wert- und Daseinsorientierungen zu übertragen bzw. diesen überzustülpen ist.

In der praktischen Umsetzung im Religionsunterricht entsteht ggf. auch die Gefahr, auf Seiten der Schüler/innen eine »Gleichsinnigkeit« oder Gleichgültigkeit in Bezug auf Religionen zu erzeugen (»Alle Religionen sind doch gleich!«), die dem grundlegenden Ziel, Pluralität existenziell zu begreifen, widerspricht.

Religionen in der Gesellschaft: respektvolle Kommunikation – begründete Auseinandersetzung

d. Kirche in Geschichte und Gegenwart: historische Erzählungen kennen und hinterfragen

Wenn viele an ihren Geschichtsunterricht oder den Unterricht im Bereich der Kirchengeschichte zurückdenken, dann ist ihnen das Auswendiglernen von sog. Fakten, Zahlen und Daten in Erinnerung. Hierauf kam es an, nach dem Prinzip: So war es und wir lernen das jetzt auswendig.

Heute wird nicht mehr davon ausgegangen, dass es die eine Geschichtserzählung gibt, die den vollständigen Anspruch auf Gültigkeit erheben kann. Zur pluralen Gesellschaft gehört es, dass es verschiedene Deutungen der Vergangenheit gibt und daraus resultieren unterschiedliche Erzählungen über diese Vergangenheit. Die Schüler/innen sollen im Lernfeld der Kirchengeschichte folglich dazu befähigt werden, historische Erzählungen (Narrationen) zu hinterfragen, ggf. zu dekonstruieren und auch eigene Erzählungen zu entwickeln.

Dieser Ansatz wird in der Geschichtsdidaktik zwar seit einigen Jahren verstärkt propagiert, ist eigentlich aber nicht neu. Verdeutlicht sei der Ansatz am Beispiel der neutestamentlichen (und nicht kirchengeschichtlichen) Erzählungen: Die historisch-kritische Methode hat herausgearbeitet, dass das neutestamentliche Jesus-Bild vor allem das der nachösterlichen Gemeinden ist. Hier wird nicht das Leben Jesu erzählt, wie es historisch war, sondern wie es von denjenigen gedeutet wurde, die an Jesus als den auferstandenen Christus geglaubt haben. Für die Schüler/innen ist aus Sicht des historischen Lernens hier also vor allem wichtig, zu verstehen, warum die Geschichte Jesu im Neuen Testament so erzählt wird, wie sie dort in den jeweiligen Passagen erzählt wird.

Dies lässt sich auch auf Felder der Kirchengeschichte übertragen. Denkt man bspw. an den Kirchenkampf, dann mag für viele die Beschäftigung mit Dietrich Bonhoeffer als Ikone des Widerstands der Evangelischen Kirche gegen den Nationalsozialismus zentral sein. Aber allein, dass er von vielen als Ikone gesehen wird, ist schon eine Narration. Hier bietet sich folglich die Frage an, warum er in der Erinnerungskultur vor allem der Evangelischen Kirche eine so herausragende Bedeutung einnimmt, warum z. B. so viele Gemeinden oder kirchliche Gebäude nach ihm benannt sind. Zugleich könnte es darum gehen, ob in dieser Erzählung evtl. auch wichtige Aspekte ausgeblendet werden – bspw. Bonhoeffers Position zu den Juden. Unterrichtspraktisch bieten sich hier Befragungen in der Kirchengemeinde an, was die Mitglieder mit Bonhoeffer verbinden. Diese Erzählung oder diese Erzählungen ließen sich mit Quellenmaterial kritisch hinterfragen. Die Schüler/innen könnten sich nach Abwägung einer der Erzählungen anschließen oder auch eine andere entwerfen.

Diese eigene Schüler-Erzählung kann bspw. auch daraus resultieren, dass die Schüler/innen andere, neue Fragen an die historische Person haben. Dabei ist die Entwicklung von (problemorientierten) Leit- oder Untersuchungsfragen bereits eine Kompetenz, die der Kirchengeschichtsunterricht vermitteln sollte. Im Bestfall können die Schüler/innen ihre eigenen Fragen dann quellenkritisch und plausibel beantworten.

Ein ähnlicher Zugang wie bei Bonhoeffer ließe sich auf andere Felder der Kirchengeschichte übertragen, bspw. auf die Reformation bzw. Martin Luther. Sicher lässt sich nicht bei jedem Thema der unterrichtliche Fokus auf die jeweilige Narration legen. Dies liegt auch daran, dass der Lehrkraft oft die entsprechenden Quellen fehlen und sie zum Teil nur für Experten recherchierbar sind, sodass eine Dekonstruktion der jeweiligen Erzählung nur schwer möglich ist. Dennoch kann der Blick in die Schulbuch-Darstellungen interessant sein, vor allem nach dem Kriterium:

Lassen die Darstellungstexte verschiedene Deutungen zu oder gibt es nur eine Erzählung, ist nur eine Deutung des jeweiligen Themas oder der Biografie möglich?

Gute Schulbücher werden zudem Quellen (aus der zu untersuchenden Zeit) zum Thema liefern und nicht nur den Darstellungstext der Schulbuchautoren.

Im schulischen Kontext des Religionsunterrichts bieten sich biografische Zugänge an. Sie haben didaktische Vorteile, wenn sie eine gewisse Exemplarität haben, die zugleich zur Auseinandersetzung anregt. Nicht im Sinne einer Heiligsprechung, sondern im Sinne einer multiperspektivischen Betrachtung, einem Grundprinzip der Kirchengeschichtsdidaktik.

Kirche in Geschichte und Gegenwart: historische Erzählungen kennen und hinterfragen

e. Den Menschen im Blick: Grundfragen des Lebens

Religion ist ein Fach, das sich in vielfältiger Hinsicht von anderen unterscheidet. Es geht nicht nur um die kognitive Erschließung zahlreicher Themen, sondern eben auch um viele Fragen, die den Kern des Menschseins betreffen. So werden Themen wie Gott, das Finden von Glück, der Umgang mit Leid, die Frage nach der (ethischen) Verantwortung oder der Tod behandelt. Diese Fragen sollte sich die Lehrkraft in zwei verschiedenen Bereichen widmen:
1. im Unterricht,
2. außerhalb des Unterrichts.

Im Unterricht kann eine Auseinandersetzung mit diesen Themen kognitiv erfolgen und vorliegende Positionen in der Literatur hierzu können dabei helfen, dass die Schüler/innen einen eigenen Standpunkt finden. Gleiches gilt für die biblischen Texte, die Orientierung geben können. Aber alle diese Texte bleiben Entwürfe, Vorschläge für die Schüler/innen, die wiederum selbst einen Deutungsentwurf zu diesen Fragen finden sollten. Dabei sollte der Religionsunterricht ihnen helfen.

Da hier Fragen thematisiert werden, die den Einzelnen in seinem Kern betreffen, überaus persönlich und privat sind, muss der Religionsunterricht, wenn er diese Fragen behandelt und auf die Meinungsbildung der Schüler/innen zielt, offen gestaltet sein. Dies impliziert drei Punkte:
1. *Die Lehrkraft sorgt für eine vertrauensvolle Atmosphäre,* die es den Schüler/innen ermöglicht, frei zu sprechen, ihre Hoffnungen, Zweifel, Ängste und Nöte auszusprechen. Dies kann auch dadurch geschehen, dass sich die Lehrkraft selbst öffnet, eigene Gedanken hierzu, bspw. auch eigene Ängste offenlegt, und insofern mit gutem Beispiel vorangeht.
2. *Allen ist klar, dass es keinen Zwang gibt,* sich in diesen Fragen zu öffnen und insofern an diesen Stellen auch keine Notenrelevanz vorhanden ist. Macht man dies nicht deutlich, kann es Schüler/innen in Konflikte führen und zugleich auch das eigentliche Ziel, die Meinungsbildung in diesen Fragen, verhindern.
3. *Es wird deutlich, dass es keine »richtigen« und »falschen« Antworten gibt,* wenn Schüler/innen versuchen, ihre Position zu formulieren. So gibt es z. B. unterschiedliche Wege, wie der Mensch glücklich werden kann. Die Lehrkraft kann hier den Horizont erweitern, bspw. durch unterrichtsmethodische Zugänge, entsprechende Position bestimmter Autoren oder im Unterrichtsgespräch durch weiterführende Gedanken.

Außerhalb des Unterrichts spielen diese Fragen eine vielleicht noch größere Rolle, wenn auch nicht täglich, sondern nur manchmal, in besonderen, in schwierigen Situationen. Wenn die Religionslehrkraft die christliche Botschaft ernst nimmt, dann heißt es, dass ihre Aufgaben dann nicht mit dem Pausenklingeln enden. Es heißt vielmehr, für die Schüler/innen da zu sein, Hilfestellungen anzubieten, denn die Lehrkraft sollte auch hier immer die Vorbildrolle einnehmen. Dies wird vor allem dadurch möglich, dass man seine Schüler/innen kennt, dass man weiß, was sie bedrückt, welche Probleme, welche Sorgen sie haben. Auch wenn es schwer ist, dies bei allen seinen Schüler/innen zu wissen, so sollte doch der Versuch nie enden. Und dies setzt als erstes voraus, mit Schüler/innen zu sprechen, ihnen Fragen zu stellen (selbstverständlich ohne aufdringlich zu sein), andernfalls erfährt man ggf. nie etwas von ihren Sorgen und Problemen.

Religionslehrkräfte haben selbstverständlich auch Grenzen, sie können nicht alle Probleme lösen, manche übersteigen die eigenen Kapazitäten und Kompetenzen. Dann sollte man an professionelle Hilfe weiterleiten, entsprechende Hilfsangebote heraussuchen. Auch sollte man sich insofern nicht überschätzen, wenn man bspw. meint, man könne die Magersucht eines Teenagers heilen. Hier ist man gefordert, sollte sie erkennen und vorsichtig schauen, ob sich der junge Mensch öffnen will. Professionelle Beratungsstellen helfen dann weiter.

Jede Religionslehrkraft muss selbst entscheiden, wie viel Kraft sie hat, um in gewissen Situationen zu helfen. Ist bspw. ein Schüler sterbenskrank und nicht mehr schulfähig, dann kann sie ihn des Öfteren besuchen oder Nachrichten schreiben oder, wenn er es möchte, per Internet in den Unterricht zuschalten. Die Lehrkraft kann auch mit der Klasse organisieren, dass man dem Kranken zeigt, dass man an ihn denkt. Nicht ein einziges Mal, sondern möglichst regelmäßig. Hieraus können sich zugleich Erfahrungen für die anderen Schüler/innen ergeben, die sie evtl. ein ganzes Leben prägen. Denn letztlich geht es um das Wort aus dem Jakobus-Brief: »Seid Täter des Wortes, nicht Hörer allein!«

Den Menschen im Blick: Grundfragen des Lebens 85

Den Menschen im Blick. Grundfragen des Lebens

5 Methoden im Religionsunterricht

a. Wortbilder

Ausgehend von einem Wort eines Textes entwickeln die Schüler/innen ihren eigenen Standpunkt, bringen sich und ihre Erfahrungen in den Unterricht ein und lassen auf diese Weise gemeinsam einen Text sichtbar und lebendig werden. Die Lerngruppe legt – dem Wortsinn nach – einen Text gemeinsam aus.

Das Verfahren der »Wortbilder« eignet sich für den Einstieg in biblische, aber auch andere Erzähltexte (ab Klasse 5, auch in der Grundschule möglich).

Zum Verfahren

1. Ein Text wird im Stuhl- bzw. Halbkreis verlesen.
2. Während des Vorlesens merken sich alle Teilnehmer/innen zwei Wörter, in der Form, in der sie in der Geschichte vorkommen. Mit dem ausgewählten Wort müssen sie etwas Positives, mit dem anderen etwas Negatives verbinden. Jede Wortart kann dabei gewählt werden.
3. Anschließend schreiben die Schüler/innen »ihre« Begriffe auf jeweils einem weißen DIN-A4-Blatt und gestalten sie hinsichtlich Schriftart (eckig oder rund), Farbe (tiefschwarz, bunt, …) und verzieren das Wort mit Symbolen und Bildern, die sich u. a. durch die Buchstaben anbieten (z. B. kann das »o« im Wort Sonne mit Strahlen versehen werden). Die Lehrkraft stellt dazu am besten Wachsmaler zur Verfügung und weist darauf hin, dass möglichst wenig Fläche auf dem Blatt weiß bleiben soll, wenn es nicht als gestalterisches Element dient. Das Wort des Bibeltextes wird so zu ihrem persönlichen Wort.
4. Im Stuhl- bzw. Halbkreis stellen die Schüler/innen ihre Wortbilder vor und begründen ihre Wahl des Wortes. Die Lehrkraft kann hier gut Nachfragen stellen und so erfahren, was die Schüler/innen ganz persönlich betrifft.
5. Die Lehrkraft liest den Text noch einmal vor, die Schüler/innen legen ihre Worte im Moment der Nennung vom oberen Rand des Halbkreises nacheinander untereinander aus. Bei doppelt gewählten Wörtern legen die Schü-

ler/innen die Bildworte nebeneinander. Während des Auslegens pausiert die Lehrkraft mit dem Vorlesen. Der Text bleibt nun mit den Wortbildern »ausgelegt«.
6. Einzelne Schüler/innen wiederholen die Geschichte mithilfe der ausgelegten Wortbilder und analysieren sie bspw. anhand des Farbverlaufs.
7. Die Lehrkraft lässt Raum für spontane Äußerungen.
8. Daraufhin befragt die Lehrkraft die Klasse nach Schwerpunkten, ggf. Leerstellen bei der Auswahl der Wortbilder.
9. Weiterarbeit an der ggf. theologischen Dimension der Geschichte im Unterrichtsgespräch oder mit weiterführenden Methoden (Standbilder, Innere Stimmen, Interviewmethode).

Mögliche Probleme

Mitunter entstehen zu viele Bilder, die sich auf dasselbe Wort beziehen. Die Lehrkraft sollte im Vorfeld deutlich machen, dass alle Wörter ausgewählt werden können.

Alternativen/Differenzierung

1. Die Schüler/innen gestalten nur ein Wortbild.
2. Als Hilfestellung können einzelne Schüler/innen aus einer Liste der Lehrkraft ein Wort auswählen.
3. Eine weitere Alternative besteht darin, schon vorher eine große Anzahl bestimmter aussagekräftiger Wörter aus dem zu behandelnden Text herauszusuchen, auf DIN-A4-Format zu schreiben, um dann die Schüler/innen auswählen und in der beschriebenen Art und Weise gestalten zu lassen.

Wortbilder

b. Innere Stimmen

Die Grundannahme bei diesem Verfahren ist, dass die verschiedenen Persönlichkeitsanteile im Menschen das Verhalten beeinflussen und steuern. Sie bilden – nach Schultz von Thun – das »innere Team«. Diese Persönlichkeitsanteile haben, je nach Situation, unterschiedliche Strategien und verhindern oder verzögern Entscheidungen. Sie sind als »innere Stimmen« vorstellbar, die im »Ich« einer Person miteinander kommunizieren. Ziel der Methode der »Inneren Stimmen« ist es, diese zur Sprache zu bringen, indem die Schüler/innen ihre Meinungen, Ansichten und eigenen Erfahrungen einbringen.

Das Verfahren der »Inneren Stimmen« eignet sich in besonderer Weise für Erzähltexte jeglicher Art, in denen eine Person vor einer Entscheidung steht (ab Klasse 5, auch in der Grundschule möglich).

Zum Verfahren

1. Der Text wird verlesen.
2. Aus der Lerngruppe übernimmt eine bzw. einer die Rolle der Haupthandlungsträgerin bzw. des Haupthandlungsträgers. Die übrigen Schüler/innen erhalten die Rollenkarte zu einer der »inneren Stimmen« und erarbeiten eine für »ihre« Stimme überzeugende Strategie.
3. Dieser Protagonist nimmt in der Mitte des Spielraumes Platz. Ein Vertreter jeder »Stimme« stellt sich im Halbkreis um den Protagonisten.
4. Der Rollenanweisung gemäß sprechen die »Inneren Stimmen« auf den Protagonisten ein. Sie versuchen ihm dabei klarzumachen, dass es in dieser Situation gut sei, auf diese Stimme zu hören und ihrem Rat zu folgen.
5. Dabei kann es auch zu einem »Streit« zwischen den einzelnen Stimmen kommen.
6. Die Aufgabe der Lehrkraft besteht in dieser Phase darin, die unterschiedlichen guten Absichten der Stimmen herauszustellen.
7. Der Protagonist hört zu, kann aber Nachfragen an die »Stimmen« stellen.
8. Die Lehrkraft befragt nun den Protagonisten, welche der Stimmen ihm/ihr in der derzeitigen Situation die wichtigste/entfernteste sei.
9. Der Protagonist ordnet die Stimmen nach Nähe und Ferne zu sich selbst, entwickelt (mithilfe der Lehrkraft) eine Entscheidung und somit eine Handlungsstrategie.
10. Die Lehrkraft entlässt alle Beteiligten aus ihren Rollen und verliest die Originalgeschichte.
11. Im Nachgespräch erfolgen Vergleich und Deutung des Textes mit der Entscheidung in der Klasse.

Mögliche Probleme

Die Methode setzt ein intaktes Vertrauensverhältnis innerhalb der Klasse voraus. Die Anforderungen an die Lehrkraft während des Nachgesprächs sind hoch. Es kann zu Unruhe bei den Gruppenmitgliedern der einzelnen Stimmen kommen, die nicht aktiv um den Protagonisten stehen.

Alternativen/Differenzierung

Um dem oben beschriebenen Problem entgegenzuwirken, kann es sinnvoll sein, vor der Durchführung Beobachtungs- bzw. Protokollaufträge zu vergeben. Darüber hinaus ist es denkbar, dass sich die einzelnen »Stimmen« nach einer ersten Runde zu einer Beratung in Gruppen zurückziehen. Ebenso sind jeweilige Hilfekarten denkbar, die Ideen bieten, die Intention der jeweiligen Stimme zu unterstützen. Es können verschiedene Stimmen ausgewählt, verändert oder, je nach Text, hinzugefügt oder weggelassen werden.

Die Schüler/innen können nach ihren Stärken oder ihrer Leistungsbereitschaft in homogene oder heterogene Gruppen aufgeteilt werden. Die erste Einteilung bietet sich an, wenn der Anforderungsgrad der einzelnen Stimmen als unterschiedlich hoch eingeschätzt wird und diese dann gezielt einzelnen – unterschiedlich »starken« – Gruppen zugeteilt werden. Heterogene, d.h. vergleichbar »starke« Gruppen, lassen wiederum die Stimmen in ihrer Argumentationskraft ausgewogener werden.

Vorschlag für mögliche Rollenkarten

Ihr seid die Angststimme

Ihr sorgt dafür, dass ihr euch in bestimmten Situationen keiner Gefahr aussetzt, nicht zu viel wagt, damit kein Unheil für Körper und Seele geschieht.

Sammelt eure Gedanken und eure Ideen! Gebt euren Rat und begründet diesen!

So könnt ihr anfangen:
Wir als deine Angstimme möchten, dass du …

Ihr seid die Bequemlichkeitsstimme

Euch ist wichtig, dass ihr euch nicht überanstrengt. Es soll alles beim Alten bleiben; dadurch gibt es keine Veränderungen und auch keine unnötigen Anstrengungen.

Sammelt eure Gedanken und eure Ideen! Gebt euren Rat und begründet diesen!

So könnt ihr anfangen:
Wir als Deine Bequemlichkeitsstimme raten dir …

Ihr seid die Harmoniestimme

Ihr steht für inneren Frieden. Ihr möchtet, dass ihr euch mit allen gut versteht, aber auch mit euch selbst in Harmonie lebt.

Sammelt eure Gedanken und eure Ideen! Gebt euren Rat und begründet diesen!

So könnt ihr anfangen:
Wir als deine Harmoniestimme möchten, dass du …

Ihr seid die Wutstimme

Ihr sorgt dafür, dass ihr eure Wut loswerdet. Dabei ist euch jedes Mittel recht, wenn es nur euch entlastet.

Sammelt eure Gedanken und eure Ideen! Gebt euren Rat und begründet diesen!

So könnt ihr anfangen:
Wir als deine Wutstimme raten dir dringlich …

Ihr seid die Mutstimme

Ihr wollt ungewöhnliche Wege gehen und Neues entdecken. Und das mit Mut!

Sammelt eure Gedanken und eure Ideen! Gebt euren Rat und begründet diesen!

So könnt ihr anfangen:
Wir als deine Mutstimme möchten, dass du …

Ihr seid die Geborgenheitsstimme

Ihr sorgt für Erlebnisse von Wärme und Nähe, meist im Zusammenhang mit anderen Menschen.

Sammelt eure Gedanken und eure Ideen! Gebt euren Rat und begründet diesen!

So könnt ihr anfangen:
Wir als deine Geborgenheitsstimme raten dir, dass du unbedingt …

Innere Stimmen

c. Interviewmethode

Die Interviewmethode ist ein Weg, der die Anfragen der Lerngruppe an einzelne Personen eines (biblischen) Textes, aber auch subjektive Antworten der Schüler/innen ermöglicht und somit persönliche Erfahrungen in Bezug auf den Text zur Sprache bringt.

Besonders geeignet ist die Interviewmethode für biblische (Gleichnisse, Wundergeschichten), aber auch andere Texte, die bestimmte Fragen, Begründungen oder Stimmungen offen lassen (ab Klasse 5).

Die Schüler/innen erfahren durch das Interview zum Text eigene, persönliche Textdeutungen und erproben diese in der (Klassen-)Gemeinschaft.

Zum Verfahren

1. Der Text wird verlesen.
2. Gemeinsam werden Personen (oder Dinge) aus der Geschichte ausgewählt, die interviewt werden sollen. Dies könnte bspw. auch der Autor sein.
3. Die Schüler/innen schreiben in Einzel- ggf. Partnerarbeit Fragen an die ausgewählten Personen auf. Die Lehrkraft weist darauf hin, dass die entsprechenden Personen (und Dinge) heute zum Interview in einer Art Pressekonferenz bereitstehen.
4. Die Lehrkraft beschriftet Stühle durch entsprechende Namensschilder gemäß der Nennungen oder Wünsche der Schüler/innen (z. B. Priester, Levit, Samariter etc.).
5. Aus dem Zuschauerkreis werden jetzt die Fragen gestellt. Schüler/innen, die eine (subjektive) Antwort aus Sicht des Interviewten haben, setzen sich auf den beschrifteten Stuhl der entsprechenden Person und beantworten die Frage. Unterschiedliche Antworten auf eine Frage sind möglich (und erwünscht) und können nacheinander gegeben werden. Im Anschluss kann die Person, die auf dem Stuhl die Frage beantwortet hat, sich wieder setzen oder ggf. auf weitere Fragen warten und diese beantworten – oder sich ohne Antwort setzen.
6. Nachfragen auf bestimmte Antworten sind möglich, müssen aber nicht zwangsläufig von den jeweiligen Schüler/innen beantwortet werden. Die Lehrkraft sollte diese Option im Vorfeld oder währenddessen nennen.
7. Auch die Lehrkraft kann Fragen stellen oder, wenn nötig, durch Antworten, weitere Sichtweisen einfließen lassen, die für das Nachgespräch von Bedeutung sein können.
8. Wenn alle Fragen beantwortet worden bzw. auch einige offen geblieben sind, beschließt die Lehrkraft das Interview und entlässt die Teilnehmer/

innen aus ihren kurzfristig übernommenen Rollen. Dazu kann sie für alle erkennbar die Namensschilder wieder zurück in das Buch legen, aus dem die Geschichte stammt.
9. Im Nachgespräch werden Deutungen und Antworten besprochen und vertieft.

Mögliche Probleme

Die Methode setzt ein intaktes Vertrauensverhältnis, aber aufgrund der erforderlichen Bewegung der Schüler/innen auch ein gewisses Maß an Regelklarheit und Disziplin innerhalb der Klasse voraus. Ebenso besteht für einzelne Schüler/innen die Möglichkeit, ihre ggf. vorhandene Abneigung gegen das Fach oder das Thema vor Publikum deutlich zu machen. Hier sollte die Lehrkraft eingreifen. Ausdrücklich erwünscht sind jedoch Kontroversen und grundsätzlich andere, auch gerade eine bestimmte Sichtweise ablehnende Positionen.

Alternativen/Differenzierung

1. Das Verfahren kann nach einer erneuten Textlesung wiederholt werden.
2. Weniger empfehlenswert ist die dauerhafte Rollen- bzw. Stuhlbesetzung mit einer Schülerin bzw. einem Schüler.
3. Eine gute Möglichkeit ist es, allen Schüler/innen in der Vorbereitungsphase den Auftrag zu geben, mindestens eine Frage an jede in der Konferenz zur Verfügung stehende Person schriftlich zu formulieren. Dazu können ggf. Hilfestellungen oder Tipps durch die Lehrkraft bereitgestellt werden. Auf diese Weise kann aber die Lehrkraft grundsätzlich alle Schüler/innen dadurch involvieren, dass sie sie auffordert, eine Frage zu stellen. Auch wenn die Antworten freiwillig erfolgen, eine Frage in den Interviews kann jeder stellen.

Interviewmethode

d. Standbilder

Ausgehend von einem Wort eines Textes, einer Szene oder einer Figur »erstarren« eine oder mehrere Personen zu einem Stand- oder Klickbild. Mit diesem Bild wird ein Aspekt des Textes körperlich verbildert. Die »Erstarrung« ermöglicht eine detaillierte Wahrnehmung. Das Stand- oder Klickbild soll dabei nicht den vermeintlich objektiven Text oder Textteil abbilden, sondern eine Deutung bzw. einen subjektiven Eindruck des Textes zeigen.

Das Verfahren der Stand- bzw. Klickbilder eignet sich für eine Vertiefung biblischer, aber auch anderer Erzähltexte (ab Klasse 5, auch in der Grundschule möglich).

Die Schüler/innen bringen durch diese Methode ihren subjektiven Eindruck einer bestimmten Szene im Zusammenspiel mit Mitschüler/innen zum Ausdruck.

Zum Verfahren

1. Ein Text wird im Stuhl- bzw. Halbkreis verlesen.
2. Eine Schülerin/ein Schüler übernimmt die Rolle einer »Erbauerin« bzw. eines »Erbauers« und stellt sich dazu ein Wort oder eine Szene aus dem Text innerlich vor. Dann wählt sie/er Personen aus dem Zuschauerkreis und beginnt, mit ihnen diese Szene zu »modellieren«. Dies geschieht ohne begründende Erklärungen, lediglich Handlungsanweisungen sollten leise gegeben werden.
3. Ist das Stand- bzw. Klickbild fertig, »frieren« auf einen Zuruf der Lehrkraft (»… noch 5 Sekunden bis zum Klick …«; »KLICK!«) die Darsteller/innen ein und halten für etwa eine Minute ihre Position.
4. Die Auswertung des Bildes erfolgt zunächst unter Anleitung der Lehrkraft durch die Zuschauer/innen in mehreren Schritten (Beschreibung, Gefühlsäußerungen, Einfälle, Bestimmung der Szene). Währenddessen verharren die Teilnehmer/innen in für sie lockerer Haltung in der Bildformation.
5. Die Teilnehmer/innen des Standbildes können aus ihrer Rolle heraus ihre Gefühle und Intentionen darlegen, genauso wie auch die Erbauerin bzw. der Erbauer.
6. Ein weiteres Standbild kann erbaut werden.
7. Der Text wird erneut verlesen.
8. Weiterarbeit am Text im Unterrichtsgespräch oder mit weiterführenden Methoden (Innere Stimmen, Interviewmethode).

Mögliche Probleme

Mitunter entsteht in der Bauphase oder aufgrund der längeren Plenumsphase Unruhe bei den Zuschauer/innen. Auch fällt es Schüler/innen vielleicht schwer, sich in ein Standbild »hineinbauen« zu lassen, sich hineinzuversetzen oder die erstarrte Position auszuhalten.

Alternativen/Differenzierung

1. Es können sich auch Gruppen zusammenfinden, die sich auf ein Standbild einigen und es dann der Gesamtgruppe vorstellen. Eine Erbauerin bzw. ein Erbauer kann dann entfallen. Dadurch verkürzt sich die ggf. problematische Dauer der konzentrierten Phase im Stuhl- oder Sitzkreis. Insofern ist diese Alternative bei größeren Lerngruppen empfehlenswert. Ebenso ergibt sich durch diese Variante für die Lehrkraft die Möglichkeit, leichter Tipps z. B. bei der Auswahl der Szene zu geben. Darüber hinaus können Beispielbilder für unterschiedliche (Gesichts-)Ausdrücke, Gestik oder Mimik eine gute Hilfestellung sein.
2. In Zeitlupe können die Teilnehmer/innen des Standbildes aus der »eingefrorenen« Haltung heraus eine Bewegung machen.
3. Standbilder können fotografiert werden und durch Beamer oder digitale Tafeln im Anschluss von allen betrachtet werden.

Standbilder

e. Bibeltexte gestalten

Die Methode »Bibeltexte gestalten« zielt darauf, einen Bibeltext auf eine kreative Weise zu erschließen, seine Inhalte darzustellen und zugleich die Lernenden und ihre Lebenswelt durch ihre Auswahl miteinzubeziehen. Dabei wird der Fokus auf bildhafte, symbolische, gleichwohl technisch bewusst eingeschränkte Darstellungen durch die Verwendung einzelner Worte des Textes gelegt.

Die Methode eignet sich in besonderer Weise für Bibeltexte, die eine Vielfalt von Bildern beinhalten und richtet sich an Schüler/innen der jüngeren Jahrgänge der Sekundarstufe (Orientierungsstufe). Aus rein praktischen Gründen (s. u.) sollte der Text jedoch nicht zu lang sein (z. B. Ps 104 als Ausgangspunkt für ein Staunen über die Vielfalt und ein Lob der Schöpfung).

Wie bei der Methode der »Wortbilder« entsteht ein gemeinsames Produkt, das die Bildersprache des Textes deutlich macht und Raum für weitergehende Interpretationen und ein gemeinsames Theologisieren bietet.

Zum Verfahren

1. Ein Text wird – ggf. nach einem passenden Einstieg – gemeinsam oder von der Lehrkraft gelesen. Als Hörauftrag bietet es sich an, dass jede Schülerin, jeder Schüler sich individuell ein Wort merkt, das ihm besonders im Text aufgefallen ist.
2. Je nach der in der Klasse vorhandenen Sozialkompetenz erhalten die Lernenden in Partner- oder Gruppenarbeit den Arbeitsauftrag, sich auf ein besonderes Wort zu einigen und dieses darzustellen. Dazu schneiden sie das Wort aus ihren Textkopien sowie aus weiteren Kopien ihrer Mitschüler/innen aus. Die Lehrkraft sollte dafür eine gewisse Anzahl an zusätzlichen Kopien angefertigt haben (erfahrungsgemäß benötigt man für eine Darstellung mindestens 20 Wortkärtchen). Die einzelnen Teams legen nun aus dem gewählten und vielfach ausgeschnittenen Wort ein Bild (aus den Wortkarten »Hand« wird bspw. eine Hand gelegt, aus den Wortkarten »Wasser« eine Flasche oder ein Brunnen) und auf DIN-A4-Papier mit einer passend ausgewählten Grundfarbe aufgeklebt.
3. Die Lehrkraft kann den einzelnen Kleingruppen beratend zur Seite stehen, weitere Ideen als Tippkarten vorbereitet oder Wörter gar vorab ausgewählt haben. Schnelle Gruppen können ein weiteres Wort gestalten.
4. Anschließend wird der Text erneut gelesen und die einzelnen symbolischen Wortdarstellungen an der passenden Stelle im Stuhlkreis ausgelegt oder an einer Pinnwand angeheftet. Ebenfalls ist denkbar, dass die jeweilige Klein-

gruppe aufsteht und ihr Wort bzw. Bild im zum Text passenden Moment hochhält und ihre Auswahl kurz begründet.
5. Anschließend findet eine Weiterarbeit am Text im Unterrichtsgespräch oder mit weiteren Methoden statt. Die entstandenen Darstellungen können im Raum aufgehängt werden und Ankerpunkt für weitere Vertiefungen in den nachfolgenden Stunden sein.

Mögliche Probleme

In großen Klassen und bei Partnerarbeit ist eine große Anzahl von Textkopien erforderlich, die nach dem Ausschneiden des einzelnen Wortes, je nach Fertigkeit der Lernenden, nicht mehr les- oder erkennbar sind. Schließlich: Man benötigt eine große Anzahl an Scheren und Klebestiften und sollte, besonders in den jüngeren Klassenstufen, unbedingt deutlich auf die Gefahren beim Umhergehen im Klassenraum mit einer Schere in der Hand und den richtigen Transport hinweisen!

Alternativen/Differenzierung

1. Die Lehrkraft teilt einzelnen Kleingruppen Wörter zu. Dieses Vorgehen verhindert, dass sich viele Gruppen das gleiche Wort wählen und zu viele Kopien benötigt werden. Allerdings gerät so der Zugang für die Schüler/innen durch die individuelle Auswahl in den Hintergrund.
2. Als Hilfestellung hält die Lehrkraft Karten mit Ideen zur Wortwahl oder zur Gestaltung parat.
3. Es werden nach dem ersten Vorlesen Worte an der Tafel gesammelt und diese dann einzelnen Teams zugelost.
4. Erfahrenere oder ältere Lerngruppen wählen Wortverbindungen oder Gegensatzpaare und bringen diese in einer Darstellung kreativ zusammen.

Bibeltexte gestalten

f. Dialog mit der Bibel

Bei der Methode »Dialog mit der Bibel« handelt es sich um eine spielerische Art der Textauslegung, bei der die Schüler/innen versuchen, die biblische Botschaft mit ihrer Lebenserfahrung zusammenzubringen.

Durch einen bewussten Prozess der Verlangsamung werden offene Fragen, die sich in den biblischen Texten finden, herausgegriffen. Die Lernenden sollen dann mithilfe ihres Erfahrungshorizontes versuchen, Antworten zu finden. Wichtig ist dabei, dass es keine richtigen und falschen Antworten gibt. Zudem ist ein zentrales Gebot, dass die Schüler/innen nur freiwillig Stellung nehmen.

Die Methode »Dialog mit der Bibel« ist eine verkürzte Variante des Bibliologs, dessen ganzheitliche Grundidee hier für den Einsatz in der Schule modifiziert wird. Dabei wird häufig eingewandt, dass die Durchdringungstiefe eines Bibliologs, angeleitet durch einen Bibliologen, in der hier vorgestellten Variante nicht erreicht werden kann. Der Bibliolog ist keine unmittelbar auf die Schule bezogene Methode, sondern wird von Bibliologen, die ihre Ausbildung in Kursen erworben haben, bspw. in der Gottesdienst- oder Konfirmandenarbeit eingesetzt. Da es sich beim Gottesdienst schon rein räumlich, aber auch bzgl. der Sozialstruktur, um eine andere Form der Zusammenarbeit handelt, kann in der Schule ggf. das ursprüngliche Konzept modifiziert werden.

Die Methode ist durch ihren Ansatz, sich an der Lebenswelt der Schüler/innen zu orientieren, auf kein Alter beschränkt. Sowohl in der Primarstufe wie auch in den Sekundarstufen I und II ist ein Einsatz möglich.

Die Methode »Dialog mit der Bibel« bietet die Möglichkeit zu einem schülerzentrierten Unterricht. Die Schüler/innen können ihre eigene Erfahrungswelt in das Unterrichtsgeschehen mit in die Textdeutung einbringen. Sie versetzen sich in die Rolle von mehreren Personen der Geschichte, wodurch das Eindenken und Einfühlen in fremde Sichtweisen, vielleicht sogar die Identifikation ermöglicht wird. Die Bibel kann damit zu einem Text der Schüler/innen werden, der ihnen etwas für ihr Leben mitzuteilen hat.

Zum Verfahren

1. Die Lehrkraft erläutert kurz die Methode: Sie sollte die Geschichte frei erzählen (siehe Kap. 5.h) bzw. vorlesen, dann jeweils Fragen an die Personen der Geschichte bzw. zu deren Denken und Handeln stellen.
    Die Schüler/innen sollen anschließend aus der Perspektive der Personen der Geschichte antworten.

2. Die Lehrkraft führt in die Geschichte ein und beginnt, sie zu erzählen bzw. vorzulesen. Sie stoppt an einer Stelle und stellt eine Frage zum Text, bspw. zu möglichen Gedanken und Gefühlen von beteiligten Personen.
3. Die Schüler/innen versetzen sich in die Rolle der betreffenden Person und antworten in der Ich-Form. Die Lehrkraft kann diese Antwort mit anderen Worten wiederholen.
4. Die Lehrkraft liest einen weiteren Satz bzw. Textabschnitt vor und stellt abermals Fragen an die Schüler/innen, die wiederum Antworten formulieren. Wie oft die Geschichte unterbrochen wird, hängt von der Gruppe und vom biblischen Text ab.
5. Am Ende der Geschichte werden die Schüler/innen aus ihren Rollen entlassen.
6. Der Text wird abschließend vollständig vorgelesen. Im Anschluss kann in das Unterrichtsgespräch übergeleitet werden bzw. das Erfahrene mit anderen Methoden weiterverarbeitet werden.

Mögliche Probleme

Die Schüler/innen haben durch diese Methode die Möglichkeit, ihre eigenen Gedanken stark in den Unterricht einzubringen. Dies eröffnet ihnen bei Ablehnung des Unterrichtsgegenstandes, ihren Unmut zu äußern und die Geschichte zu konterkarieren. Je nach Lerngruppe sollte diese Problematik bedacht werden, ggf. wäre aber auch diesen Schüler/innen Raum zu geben.

Dialog mit der Bibel

g. Västerås-Methode

Die Västerås-Methode, benannt nach ihrem Entstehungsort in Schweden, beschreibt eine für die Lehrkraft leicht umzusetzende, eher kognitiv orientierte Zugangsweise zu biblischen Texten anhand weniger, in Zeichen verdichteter Fragestellungen.

Die Methode zielt auf eine intensive Auseinandersetzung der Leserin bzw. des Lesers mit einem Text und eine individuelle Positionierung zu dessen Aussagen. Diese wiederum erlaubt im Anschluss eine gemeinsame Vertiefung der Aussagen eines Textes im Sinne des Theologisierens (siehe Kap. 2.d), an der sich im Prinzip alle Schüler/innen beteiligen können.

Die Eignung für bestimmte Jahrgangsstufen ergibt sich im Wesentlichen aus dem Komplexitätsgrad des Textes.

Zum Verfahren

1. Ein Text wird – ggf. nach einem passenden Einstieg – gemeinsam oder von der Lehrkraft gelesen.
2. Die Schüler/innen erhalten den Text und markieren Stellen am Rand des Textes nach persönlicher Einschätzung und folgender möglicher Maßgabe (Alternativen s. u.):
   – Wichtige Erkenntnisse werden mit einem Ausrufezeichen (!) markiert.
   – Unklare Textstellen erhalten ein Fragezeichen (?).
   – Textstellen, die für die Leserin bzw. den Leser eine persönliche Bedeutung haben, werden mit einem Pfeil (→) gekennzeichnet.
3. Anschließend findet eine Weiterarbeit am Text im Unterrichtsgespräch statt. Dazu können entweder die einzelnen Abschnitte hinsichtlich der erfolgten Markierungen (Informationsfragen, Einsichten und Betroffenheiten) oder die Zeichen und ihre jeweilige Verwendung im Text nacheinander besprochen werden. Da es sich um individuelle Eintragungen handelt, gibt es in diesem Gespräch kein Richtig oder Falsch. Wichtig ist auch, dass alle Äußerungen freiwillig geschehen.
4. Anschließend kann der Text noch einmal ganz gelesen werden.

Mögliche Probleme

Die eigentliche Stärke dieser Methode, die individuelle Aneignung des Textes in Ruhe und Einzelarbeit, kann sich auch als Herausforderung herausstellen, wenn Schüler/innen Schwierigkeiten mit konzentrierter Textarbeit haben.

Ebenso verlangt das in der Regel anschließende Unterrichtsgespräch eine aufmerksame Gesprächssituation ggf. über einen etwas längeren Zeitraum. Es bietet sich daher an, Gespräche in Partner- und/oder Gruppenarbeit zu den verwendeten Markierungen vorzuschalten. Dabei können bereits Schwerpunkte gebildet und gewichtet werden.

Alternativen/Differenzierung

1. Die Bedeutungen der verwendeten Symbole können passend, auch in Absprache mit der Lerngruppe, verändert werden.
2. Die Anzahl der Symbole kann leicht reduziert oder erweitert werden:
    - Ein Stern (*) kann Erinnerungen an bspw. ein Erlebnis markieren.
    - Das Pluszeichen (+) steht für die eigene Freude.
    - Ein Ungleichzeichen (≠) markiert einen möglichen Ein- oder Widerspruch der Leserin bzw. des Lesers.
    - Das Zeichen @ stellt eine Anregung zum eigenen Handeln dar o. ä.
    - Die für Schüler/innen gängigen **Emojis** können ebenfalls in ihrer Bandbreite oder in Auswahl herangezogen werden.
3. Über eine Auswahl an verwendeten Symbolen kann auch eine Differenzierung stattfinden.

Västerås-Methode

h. Erzählen im Religionsunterricht

Da nahezu alle biblischen Texte jeweils eine lange Phase des mündlichen Erzählens hinter sich haben, liegt es eigentlich nah, dass auch die Lehrkraft im Religionsunterricht gelegentlich biblische Erzählungen frei erzählt. Das geschieht in der Grundschule häufig, weniger jedoch in der Sekundarstufe und noch seltener in der Oberstufe. Dabei können Zuhörer/innen jeden Alters von einer spannenden, freien Erzählung in einer Art und Weise angesprochen oder gar mitgerissen werden, wie es selbst durch den Lesetext einer guten Erzählbibel nicht gelingen kann. Wenn es also weniger um bestimmte Worte und Begriffe eines Textes geht, sollte eine Lehrkraft durchaus das Zutrauen haben und biblische Texte auch einmal frei erzählen und so die Schüler/innen emotional ansprechen.

Konzeptionell können im Wesentlichen zwei Herangehensweisen unterschieden werden: Texttreue Erzählstrategien (nach Dietrich Steinwede u. a.) betonen die wirkliche, direkte Auseinandersetzung mit dem überlieferten Text ohne beliebige Ausschmückungen. Subjektorientierte Erzählstrategien (nach Walter Neidhart u. a.) zielen stärker auf ein »phantasiemäßiges Nacherleben« (Gennerich, 2012, S. 230) und auf Identifikation der Zuhörerin bzw. des Zuhörers mit den in der Geschichte beteiligten Personen durch möglichst anschauliche Ergänzungen. Mit beiden Schwerpunktsetzungen lassen sich biblische Texte gut erzählen und diese »mit den Erfahrungen der SchülerInnen in Beziehung« (Gennerich, 2012, S. 229) bringen.

Zum Verfahren

1. Vorbereitung:
   – Die Lehrkraft sucht einen biblischen Text aus und liest sich exegetisch ein.
   – Einem Stichwortzettel mit den wesentlichen Eckdaten zum Text ist der Vorzug vor einem ausformulierten eigenen Erzähltext zu geben. Letzterer verleitet im Unterricht leicht zum Vorlesen.
   – Im Aufbau empfiehlt es sich, mit einer Schilderung der Szene bzw. des Settings zu beginnen und den Ort sowie beteiligte Personen einzuführen. Es folgen die Einführung des Themas bzw. des Konflikts, in der die Hauptperson verwickelt ist, der eigentliche Handlungsverlauf sowie die Lösung.
   – Schwierige Begriffe des Textes können besonders aufgegriffen und in einer Erzählung leicht möglichst anschaulich erklärt werden.
2. Durchführung:
   – Zunächst bedarf es einer angemessenen Atmosphäre. Die Lehrkraft sorgt für die angemessene Konzentration. Ein Stuhl- oder Sitzkreis kann die

besondere (Erzähl-)Situation betonen. Die Lehrkraft kann ggf. Erfahrungen aus der Alltagswelt der Schüler/innen mit der Erzählung verknüpfen.
– In der Erzählung empfiehlt es sich, in kurzen Sätzen mit einer anschaulichen Sprache zu sprechen.
– Die Verwendung des Präsens und viel direkter Rede betont die Aktualität und lässt die Zuhörer/innen stärker in den Erzählzusammenhang eintauchen.
– Besondere Betonungen können durch Wiederholungen und Variationen in Lautstärke sowie Tempo erzielt werden.

Mögliche Probleme

Schwierigkeiten für die Aufmerksamkeit und Konzentration der Schüler/innen können sich ergeben, wenn im Anschluss an die Erzählung eine weitere Plenumssituation, bspw. durch ein Unterrichtsgespräch, geplant wird. Abhilfe kann hier eine vertiefende Aufgabenstellung in Einzel-, Partner- oder Gruppenarbeit leisten.

Erweiterungen

1. Ein spezifischer, überprüfbarer Hörauftrag kann die Verbindlichkeit für die Schüler/innen erhöhen.
2. Passende Bilder und Gegenstände können eine Hilfestellung für die erzählende Lehrkraft ebenso sein wie für die zuhörenden Schüler/innen.

Erzählen im Religionsunterricht

i. Projekte und Projektarbeit im Religionsunterricht

Projektunterricht ist eine offene Unterrichtsform, denn die Schüler/innen haben u. a. die Möglichkeit, Entscheidungen eigenständig zu treffen. Am Ende des Projektunterrichts steht dann ein Produkt, das zumeist präsentiert wird.

Projektarbeit ist in Mode gekommen. Oft werden den Schüler/innen von den Lehrkräften für die Realisierung der Projekte ein Rahmenthema sowie ein begrenzter Zeitraum zur Verfügung gestellt, an dessen Ende dann das zu bewertende Arbeitsergebnis stehen soll. Zwischendurch gibt es vielleicht noch Tipps von den Lehrer/innen. Jedoch sollte auf mehr geachtet werden, damit die Schüler/innen die Lernchancen von Projektarbeit möglichst umfassend annehmen können.

Eine große Lernchance besteht neben der Aneignung der fachlichen Inhalte vor allem in der Entwicklung von Planungskompetenzen. Es kommt darauf an, wie groß die Projektgruppe ist. Handelt es sich bspw. um eine ganze Klasse und jüngere oder leistungsschwächere Schüler/innen, sollte die Lehrkraft sich stärker in die Planung einbringen. Kann eine größere Eigenständigkeit der Schüler erwartet werden, können die Schüler/innen auch selbstständig das Projekt planen. Dabei gilt: Den Schüler/innen lieber mehr als weniger zutrauen!

Zum Verfahren

Eine zentrale Bedeutung kommt der Wahl des Themas bzw. der Aufgabe zu: Lehrkräfte sollten Schüler/innen dringend von Inhalten abraten, die zu weit gefasst sind oder die bereits vollständig in einem Lexikon wie z. B. Wikipedia entfaltet worden sind. Selbst für Fachleute ist es schwierig, ein in einem Lexikonartikel mehr oder weniger vollständig dargelegtes Thema weiter sinnvoll zusammenzufassen – sei es für eine schriftliche oder mündliche Ausarbeitung. Schüler/innen sollten vielmehr eine eigene Fragestellung entwickeln, die sich ggf. Aspekte des nahen Umfelds heranzieht oder sich aus einer besonderen lokalen Situation ergibt.

Bei der weiteren Vorbereitung des Projektlernens sollte man sich an den zentralen Fragen des Projektmanagements orientieren (Jakoby, 2015, 1 f.):
1. *Wie lautet das Problem bzw. die Aufgabe?*
2. *Was muss getan werden (möglichst kleinschrittig notieren)?*
3. *Wer soll es tun?*
4. *Bis wann soll die jeweilige Aufgabe erledigt sein?*

Diese Fragen müssen in jeder Projektarbeit am Beginn zentral beantwortet werden, am besten systematisch und in Tabellenform. Fortgeschrittene Gruppen können auch diese Fragen bearbeiten:
5. *Wie viel Aufwand ist für die einzelnen Arbeitsschritte erforderlich?*
6. *Was könnte schiefgehen?*
7. *Kontrolle während des Arbeitsprozesses: Läuft es nach Plan?*

Dabei ist es ratsam, dass die Gruppe einen Zeitplan erstellt, wann und von wem welche Aufgaben abgearbeitet sein sollten. Arbeitet eine ganze Klasse an einem Projekt, ist es zu empfehlen, dass alle zu erledigenden Aufgaben gemeinsam gesammelt und in ein Zeitraster und/oder einen Zeitplan gegossen werden, das während des gesamten Projektes in der Klasse für alle sichtbar hängt.

Da Projektarbeit zumeist in Gruppen erfolgt, ist es in der Regel also ratsam, dass die Aufgaben entsprechend auf die Gruppenmitglieder aufgeteilt werden. Es ist bspw. nicht sinnvoll und alles andere als effizient, dass vier Schüler an einem Text schreiben, indem sie gemeinsam nach einzelnen Formulierungen suchen.

Sinnvoll kann es manchmal sein, dass die Lehrkraft Zwischenziele bzw. Zwischenergebnisse einfordert (sog. Meilensteine), um entsprechend beraten zu können. Diese kann man auch gemeinsam mit den Schüler/innen formulieren.

Den Schüler/innen sollte so viel Freiraum gegeben werden, dass sie damit konstruktiv umgehen können. Man sollte auch nicht sofort einschreiten, wenn bspw. eine Gruppe einen unproduktiven Eindruck erweckt. Manchmal kann auch das Scheitern einen Lerneffekt für Schüler/innen haben und Scheitern gehört zur Projektarbeit, zum Lernen dazu.

Alternativen und Ergänzungen

Bei längeren Projektarbeiten ist es sinnvoll, dass die Schüler/innen *Portfolios* führen und hier die Ergebnisse ihrer jeweiligen Arbeit dokumentieren. Möglich ist eine Tabelle mit vier Spalten: *1. Datum, 2. Dauer, 3. Was habe ich getan? 4. Ergebnis der Tätigkeit.* Dies bietet der Lehrkraft die Möglichkeit, sich jederzeit über die tatsächliche Arbeit der Schüler/innen zu informieren. Man sollte das Einsammeln der Portfolios aber nicht ankündigen oder auf den letzten Projekttag legen, dies führt meist zum Erstellen einer scheinbaren »Dokumentation« am letzten Arbeitstag, was eher einer kreativen Geschichte als der Darstellung der Realität gleicht.

Reflexion

Am Ende sollte der Arbeitsprozess anhand des anfangs erstellten Plans reflektiert werden:
- *Was lief bei mir gut, was nicht gut?*
- *Was lief bei den Mitschüler/innen gut, was nicht gut?*

Denn letztlich geht es beim Projektunterricht zentral darum, Projekte planen und realisieren zu können. Dies kann dann auf alle folgenden Projekte übertragen werden.

Als Beispiele für Projektarbeit im Religionsunterricht könnte die Planung eines Weihnachtsfest (für eine oder mehrere Klassenstufen), eine wissenschaftspropädeutische (Haus-)Arbeit oder auch eine Dokumentation zu der Frage nach Motiven von Ehrenamtlichen in der Kirchengemeinde sein. Ebenso denkbar sind gemeinsame Projekte mit dem Altenheim, dem Hospiz oder der örtlichen Tafel, Tätigkeiten in der Flüchtlingsarbeit oder das Organisieren eines Konzerts.

Mögliche Probleme

Der nötige Freiraum kann unter Umständen manche Schüler/innen überfordern, da nicht alle über Erfahrungen mit offenen Arbeitsformen verfügen.

Projekte und Projektarbeit im Religionsunterricht

j. Concept Maps

Bei der Unterrichtsvorbereitung wissen wir oft nicht, welche Vorstellungen Schüler/innen von gewissen Themen haben, bspw. von der Kirche, von Gott usw. Das heißt, uns ist oft nicht oder nur vage bekannt, was sie wissen bzw. meinen zu wissen, also wie ihre Wissenskonzepte zu bestimmten Themen aussehen. Gleiches gilt für ihre Einstellungen, ihre Bewertungen.

In der empirischen Unterrichtsforschung werden Concept Maps (CM) bei solchen Zugängen verwendet. Dabei eignet sich die Methode ebenso für den Religionsunterricht, verbreitet ist sie dort jedoch kaum.

Worum geht es bei einer CM? Es ist eine Technik, Wissensbestände oder Einstellungen grafisch darzustellen. Dabei werden zu einem jeweiligen Oberbegriff hierarchisch und netzwerkartig Unterbegriffe zugeordnet. So werden die jeweiligen Begriffe durch Pfeile verbunden, die beschriftet werden, um die Relation der beiden Begriffe darzustellen (Dunker, 2010, S. 15 ff.). Hier liegt auch der Unterschied zu Mind Maps, da CM die Relationen zwischen den Begriffen durch die Pfeile deutlich machen (Fürstenau, 2011, S. 46).

Einsatz von Concept Maps

CM können zwar auch von der Lehrkraft zur Erläuterung von Wissensbeständen eingesetzt werden, sind aber vor allem geeignet, um sie von Schüler/innen erstellen zu lassen. Das bedeutet zugleich, dass CM subjektive Erkenntnisse von dem darlegen, der sie erstellt (Dunker, 2010, S. 17). Die Anfertigung von Schüler/innen kann dabei mehrere Funktionen haben. So können CM im Bereich der Wissensdiagnostik eingesetzt werden. Dabei kann man auch erfassen, wie die individuellen Wissensbestände vor einer Unterrichtseinheit und wie sie danach aussehen. Damit ist es zugleich recht einfach möglich, die Wirkung des eigenen Unterrichts zu erfassen. Zugleich können aber auch Einstellungen recht systematisch erfasst werden, bspw. wenn es um Vorstellungen vom Glücklichsein oder von Freundschaft geht. Auch können CM dazu dienen, eigene Konzepte und Vorstellungen zu erkennen, zu reflektieren und ggf. auch zu korrigieren. Oft wird den Schüler/innen bei der Erstellung einer CM erst klar, wie ihr Konzept von einem Thema aussieht.

Grundlage für Diskussionen in der Lerngruppe

CM können die Grundlage für Diskussionen in der Lerngruppe darstellen, also Gesprächsanlässe bieten, nämlich: Wo finden sich Gemeinsamkeiten, wo Unterschiede in den CM der einzelnen Schüler/innen? Warum ist dem einen dies, dem anderen das wichtig?

Zum Verfahren

Die CM ist eine Methode, die in Einzelarbeit am sinnvollsten ist. In der Oberstufe sind nur wenige Hilfestellung zum Verfahren notwendig: Die Methode sollte im oben genannten Sinne erläutert werden. Dazu reicht es in der Regel aus, allein das Oberthema zu nennen. Wenige Vorgaben sind sinnvoll, da so die individuellen Konstrukte des Wissens oder der Einstellungen der Schüler/innen freigelegt werden können.

In der Sekundarstufe I hingegen bietet es sich an, dass die Schüler/innen allein Unterbegriffe zum Thema in einem Brainstorming sammeln. Dies aktiviert das Vorwissen und erleichtert die spätere Strukturierung.

Mögliche Probleme

Die Methode sollte eingeübt werden, anfangs erstellen manche Schüler/innen eher eine Mind Map als eine CM. Darüber hinaus erfordert die Erstellung einen hohen Grad an Konzentration und Selbstreflexion. Dennoch können CM auch bei weniger ausgeprägten Verbalfähigkeiten und begrenztem thematischen Vorwissen der Schüler/innen sinnvoll eingesetzt werden (Fürstenau, 2011, S. 48).

Concept Maps

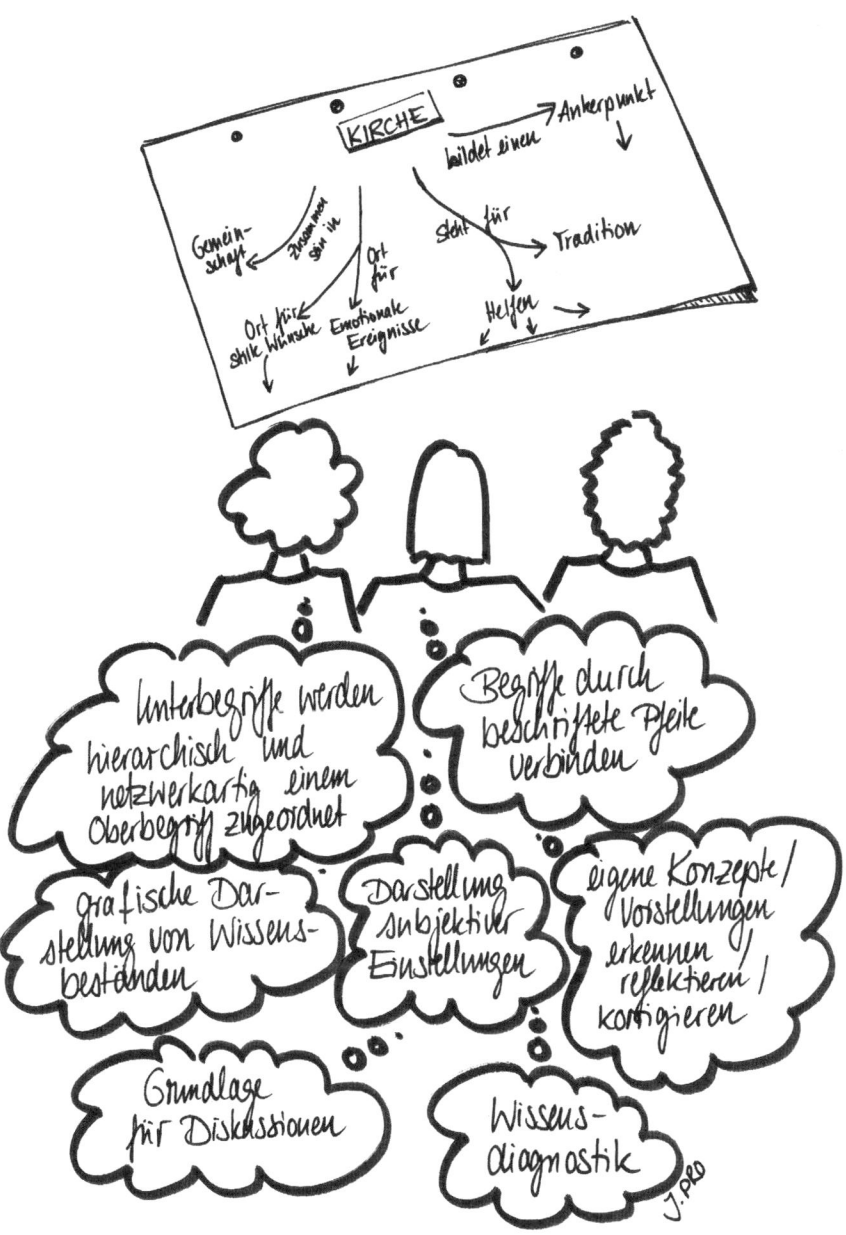

6 Guter Religionsunterricht

Im Prinzip drehen sich alle Texte in diesem Band um die Leitidee, den Religionsunterricht zu verbessern, und somit auch um Antworten auf die Frage, was einen guten Religionsunterricht ausmacht und welche Anforderungen an die Lehrkräfte des Faches bestehen.

Abschließend wollen wir auf Kriterien für die Einzelstunde im Fach Religion eingehen. Dabei lohnt es sich, auf die verschiedenen Merkmalskataloge zu schauen, um auch ein überschaubares Raster zur Selbstreflexion und eine Grundlage zur Besprechung einer einzelnen Unterrichtsstunde im Referendariat oder in Kollegenkreisen zur Verfügung zu haben.

In allgemeiner Hinsicht haben z. B. Hilbert Meyer und Andreas Helmke überzeugende Kataloge von Gütekriterien etabliert, die in Teilen oder in der Gesamtschau zur Reflexion von Unterrichtsstunden zielführend herangezogen werden können (Meyer, 2008, S. 23 ff.; Helmke, 2009, S. 168 ff.). Auch fachbezogen gibt es verschiedene Merkmalslisten für guten Religionsunterricht. Hier ist in der Entwicklung der jeweiligen Kategorien zwischen normativen Setzungen und empirisch hergeleiteten Gütekriterien zu unterscheiden. Beides ist jedoch nicht gegeneinander auszuspielen: So ist einerseits gar nicht alles mess- bzw. überprüfbar, was guten Religionsunterricht ausmacht, andererseits sind normative Weichenstellungen zur Bestimmung der Qualität unabdingbar und Voraussetzung entsprechender empirischer Untersuchungen.

Als Orientierung für die Unterrichtspraxis bieten sich – um den Aspekt eines »interreligiösen Fokus« oder der »Pluralitätsfähigkeit« erweitert – die Merkmale der »Göttinger Arbeitsgruppe Lernende (Religions-)Lehrerbildung« (2012) an, die in überschaubaren Dimensionen klare, beobachtbare Items beinhalten und sich zugleich als anschlussfähig an das Vorbereitungsmodell der Elementarisierung erweisen.

(Göttinger) Leitfaden zur Einschätzung von Unterrichtssequenzen

Die Vertreter/innen der Arbeitsgruppe unterscheiden drei Dimensionen *(1.) didaktischer Bezüge (Fachbezüge), (2.) didaktischer Leitlinien (Fachdidaktik) und (3.) didaktischer Arrangements (Methodik)*. Diesen sind jeweils weitere Kategorien zugeordnet, die sich in verschiedenen beobachtbaren Items konkretisieren.

Jeder Kategorie sind Hinweise zugeordnet, in welchem Kapitel dieses Bandes sich passende Hinweise und Überblicksdarstellungen befinden:

1. Die didaktischen Bezüge untergliedern sich in die Kategorien
   - »Fachbezug« (mögliche zu beobachtende Kriterien im Unterricht: *angemessene Sachorientierung, Orientierung an Theologie und benachbarten Wissenschaften, Thematisierung von Positionen und Überzeugungen;* siehe Kap. 1, 3.b, 4),
   - »Subjektorientierung« (mögliche zu beobachtende Kriterien im Unterricht: *Thematisierung relevanter Fragen und Probleme der Lebenswelt der Schüler/innen, Ermöglichung existenzieller Auseinandersetzung;* siehe Kap. 2.b, 3.c),
   - »kontextuelle Verantwortung« bzw. kritischer gesellschaftlicher Bezug (mögliche zu beobachtende Kriterien im Unterricht: *die Themen, Kritik an bestehenden Verhältnissen, Bewusstsein über Verantwortung;* siehe Kap. 2.a, 2.d) und
   - »Pluralitätsfähigkeit« (mögliche zu beobachtende Kriterien im Unterricht: *angemessene interreligiöse Bezüge, ggf. Beachtung der religiös heterogenen Lerngruppe bzw. Situation an der oder im Umfeld der Schule;* siehe Kap. 2.a, 2.b, 4.c).
2. Die didaktischen Leitlinien thematisieren explizit fachdidaktische Bezüge (mögliche zu beobachtende Kriterien im Unterricht: *Schülerorientierung, Orientierung an Lernzielen und Kompetenzen, Berücksichtigung religionsdidaktischer Ansätze, Wechselbeziehung von Tradition und Lebenswelt der Schüler/innen;* siehe Kap. 2d, 4).
3. Die konkrete praktische Umsetzung sowie die Reflexion der Realisierung werden in den didaktischen Arrangements betrachtet, die in drei Kategorien dargestellt werden:
   - konkrete methodische Umsetzung (mögliche zu beobachtende Kriterien im Unterricht: *zielgerichtete Auswahl, Vielfalt der Lernwege, Individualisierung, Ganzheitlichkeit;* siehe Kap. 1, 5),
   - Rolle der Lehrkraft (mögliche zu beobachtende Kriterien im Unterricht:

Auftreten, angemessener Umgang mit der eigenen Religiosität und Positionen zu Glaubensfragen, Reflexionsfähigkeit; siehe Kap. 2c) und
- die Unterrichtsatmosphäre (mögliche zu beobachtende Kriterien im Unterricht: *gegenseitige Wertschätzung, angemessener Leistungsdruck, Einhalten der Regeln, Möglichkeiten der Mitbestimmung, Feedback;* siehe Kap. 2.a, 2.b, 3.c, 3.d).

Abschließend sei darauf verwiesen, dass sowohl die in diesem Kapitel als auch im gesamten Buch genannten Kriterien selbstverständlich nicht in jeder Einzelstunde enthalten sein können. Vielmehr sollen sie als Orientierungshilfe dienen, den eigenen Unterricht langfristig weiterzuentwickeln.

Guter Religionsunterricht

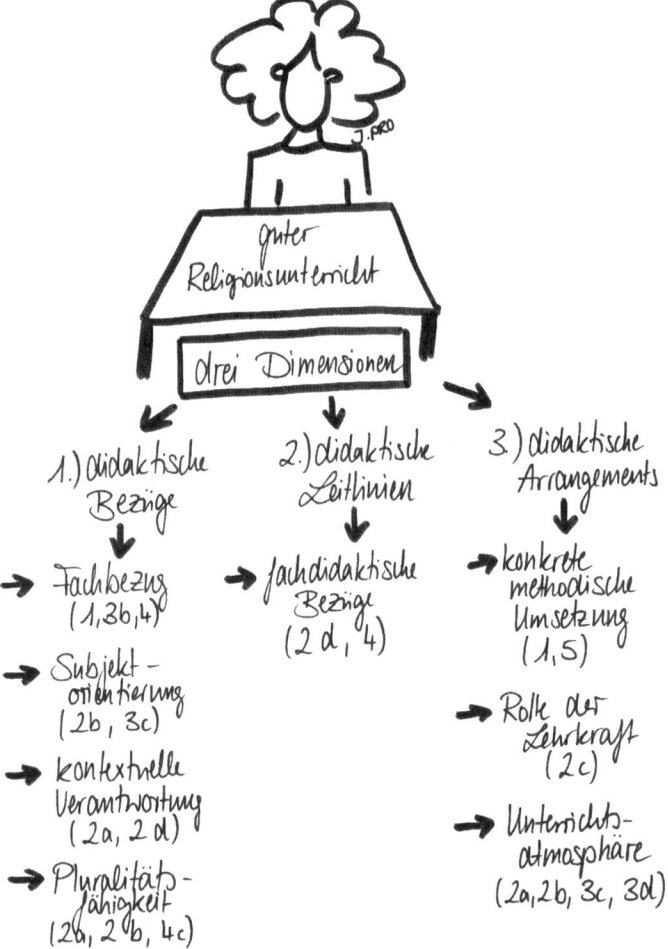

Nachwort

Wir haben versucht, in diesem Band ein Idealbild zur Religionslehrkraft und ihrem Unterricht zu zeichnen. Nun mag der Einwand kommen, dass angesichts der großen Anforderungen der Praxis die vollständige Realisierung kaum möglich ist. Dieser Einwand ist berechtigt. Nicht jede Lehrkraft kann und wird all die genannten Aspekte und Anforderungen zu jeder Zeit durchgängig erfüllen.

Uns ist es jedoch wichtig, die eigene professionelle Entwicklung nie als abgeschlossen zu verstehen, nie zu meinen, dass man »angekommen« sei. Vielmehr muss es darum gehen, sich in einer rasant wandelnden Welt auch selbst kontinuierlich weiterzuentwickeln.

Insofern freuen auch wir uns über Hinweise, Feedback und Kritik.

Literatur

a. Literatur und Literaturempfehlungen allgemein

Adam, Gottfried und Lachmann, Rainer (Hrsg.): Methodisches Kompendium für den Religionsunterricht, Band 1 u. 2, Göttingen 2010.
Evangelische Kirche in Deutschland (Hrsg.): Stuttgarter Erklärungsbibel. Lutherbibel mit Erklärungen, Stuttgart ²2007.
Grethlein, Christian: Fachdidaktik Religion, Göttingen 2005.
Kliemann, Peter und Schweitzer, Friedrich: Religion Unterrichten Lernen. Zwölf Fallbeispiele, Neukirchen-Vluyn 2007.
Lachmann, Rainer, Mokrosch, Reinhold und Sturm, Erdmann (Hrsg.): Religionsunterricht – Orientierung für das Lehramt, Göttingen 2006.
Lachmann, Rainer u. a. (Hrsg.): Theologie für Lehrerinnen und Lehrer. Bände 1–5, Göttingen 2010–2016.
Lindner, Heike: Kompetenzorientierte Fachdidaktik Religion, Göttingen 2012.
Mendl, Hans: Religionsdidaktik kompakt. Für Studium Prüfung und Beruf, München ²2015.
Mette, Norbert und Rickers, Folkert (Hrsg.): LexRP. Lexikon der Religionspädagogik, Band 1 u. 2, Neukirchen-Vluyn 2001.
Pfister, Stefanie und Roser, Matthias: Fachdidaktisches Orientierungswissen für den Religionsunterricht, Göttingen 2015.
Pohl-Patalong, Uta: Religionspädagogik. Ansätze für die Praxis, Göttingen 2013.
Rothgangel, Martin, Adam, Gottfried und Lachmann, Rainer (Hrsg.): Religionspädagogisches Kompendium, Göttingen ⁸2013.
Stuttgarter Altes Testament. Einheitsübersetzung mit Kommentar und Lexikon, herausgegeben von Erich Zenger, Stuttgart ³2005.
Stuttgarter Neues Testament. Einheitsübersetzung mit Kommentar und Erklärungen, herausgeben von Erich Zenger, Stuttgart ⁵2010.
Wiemer, Axel, Edelbrock, Anke und Käss, Ingrid: Basiskartei Religionsdidaktik, Göttingen 2011.
Zimmermann, Mirjam und Lenhard, Hartmut: Praxissemester Religion, Göttingen 2015.

b. Literatur und Literaturempfehlungen themenbezogen

Religionsunterricht vorbereiten

Schweitzer, Friedrich (Hrsg.): Elementarisierung im Religionsunterricht. Erfahrungen, Perspektiven, Beispiele, Neukirchen-Vluyn ⁴2013.

Schülerinnen und Schüler: gesellschaftliche Veränderungen – religiöse Sozialisation

Albert, Mathias, Hurrelmann, Klaus und Quenzel, Gudrun: 17. Shell Jugendstudie, Frankfurt/Main 2015.
Grethlein, Christian: Fachdidaktik Religion, Göttingen 2005.
Schröder, Bernd: Religionspädagogik, Tübingen 2013.
Ziehe, Thomas: Lebenswelten Jugendlicher, Vortrag gehalten am 18. Januar 2013 [http://www.rpi-loccum.de/dms/rpi_loccum/Materialpool/Vortraege/MP3/ziehe/ziehe.mp3?1371392623, zuletzt abgerufen: 28.7.2016].

Schülerinnen und Schüler: entwicklungspsychologische Ansätze

Büttner, Gerhard und Dieterich, Veit-Jakobus: Entwicklungspsychologie in der Religionspädagogik, Göttingen ²2016.
Mendl, Hans: Religionsdidaktik kompakt. Für Studium Prüfung und Beruf, München ²2012.

Religionslehrkräfte: eigene Religiosität im Blick – professionelle Kompetenzen

Dressler, Bernhard: Religionslehrerinnen und Religionslehrer, in: Wermke, Michael, Adam, Gottfried und Rothgangel, Martin: Religion in der Sekundarstufe II. Ein Kompendium, Göttingen 2006, S. 97–118.
Feige, Andreas: Christliche Tradition auf der Schulbank. Über Arbeitsbedingungen und Funktionsvorstellungen evangelischer Religionslehrer im Kontext ihrer Eingebundenheit in volkskirchliche Strukturen, in: Feige, Andreas und Nipkow, Karl Ernst (Hrsg.): Religionslehrer sein heute. Empirische und theoretische Überlegungen zur Religionslehrerschaft zwischen Kirche und Staat, Münster 1988, S. 5–61.
Grethlein, Christian: Fachdidaktik Religion, Göttingen 2005.
Kirchenamt der Evangelischen Kirche in Deutschland (Hrsg.): EKD Texte 96, Theologisch-Religionspädagogische Kompetenz. Professionelle Kompetenzen und Standards für die Religionslehrerausbildung. EKD Text 96, Hannover o. J. [https://www.ekd.de/download/ekd_texte_96.pdf, zuletzt abgerufen: 7.5.2016].
Lämmermann, Godwin (2006): Die Rolle der ReligionslehrerInnen und das kollektive Unbewusste der Kultur. Spielräume zwischen Distanz und Identifikation, in: Pastoraltheologie 95, S. 380–395.
Schröder, Bernd: Religionspädagogik, Tübingen 2012.
Ziebertz, Hans-Georg, Heil, Stefan, Mendl, Hans und Simon, Werner: Religionslehrerbildung an der Universität. Profession – Religion – Habitus, Münster 2005.

Religionsunterricht: klassische Konzeptionen – aktuelle Diskurse

Freudenberger-Lötz, Petra: Theologische Gespräche mit Jugendlichen. Erfahrungen – Beispiele – Anleitungen, München 2012.

Kaufmann, Hans-Bernhard: Muß die Bibel im Mittelpunkt des Religionsunterrichts stehen? Thesen zur Diskussion um eine zeitgemäße Didaktik des Religionsunterrichts, in: Lenhard, Hartmut (Hrsg.): Arbeitsbuch Religionsunterricht. Überblicke – Impulse – Beispiele, Gütersloh ³1996, S. 232–234.

Rothgangel, Martin: Religionspädagogische Konzeptionen und didaktische Strukturen, in: Rothgangel, Martin, Adam, Gottfried und Lachmann, Rainer (Hrsg.): Religionspädagogisches Kompendium, Göttingen ⁷2012, S. 73–91.

Schmidt, Martin Uwe: Konzeptionen des Evang. Religionsunterrichts, in: Bosold, Iris und Kliemann, Peter (Hrsg.): Ach, Sie unterrichten Religion? Methoden, Tipps und Trends, Stuttgart ²2007, S. 58–65.

Religionsunterricht: rechtliche Grundlagen

Grundgesetz für die Bundesrepublik Deutschland in der im Bundesgesetzblatt Teil III, Gliederungsnummer 100-1, veröffentlichten bereinigten Fassung, das zuletzt durch Artikel 1 des Gesetzes vom 23. Dezember 2014 (BGBl. I S. 2438) geändert worden ist.

Motivation von Schüler/innen und Lehrkräften

Bastian, Johannes: Sich als Schüler selbst motivieren. Hintergründe, Bedingungen, Unterstützungsmöglichkeiten, in: Pädagogik, 2/2014, S. 6–9.

Deci, Edward L. und Ryan, Richard M: Die Selbstbestimmungstheorie der Motivation und ihre Bedeutung für die Pädagogik, Zeitschrift für Pädagogik 39 (1993), S. 223–238.

Schiefele, Ulrich: Motivation, in: Wild, Elke und Möller, Jens (Hrsg.): Pädagogische Psychologie, Berlin, Heidelberg ²2015, S. 153–175.

Kompetenzorientierter Religionsunterricht

Arnhold, Oliver und Karsch, Manfred: Kooperatives Lernen im kompetenzorientierten Religionsunterricht, Göttingen 2014.

Bürig-Heinze, Susanne, Rösener, Christiane, Schaper, Carolin, Stoebe, Kathrin und Wenzel, Beate: Anforderungssituationen im kompetenzorientierten Religionsunterricht. 20 Beispiele, Göttingen 2014.

Comenius-Institut (Hrsg.): Grundlegende Kompetenzen religiöser Bildung. Zur Entwicklung des evangelischen Religionsunterrichts durch Bildungsstandards für den Abschluss der Sekundarstufe I, Münster 2006 [https://www.comenius.de/biblioinfothek/open_access_pdfs/Grundlegende_Kompetenzen_religioeser_Bildung.pdf, zuletzt abgerufen: 28.7.2016].

Kirchenamt der Evangelischen Kirche in Deutschland (Hrsg.): EKD Texte 111, Kompetenzen und Standards für den Evangelischen Religionsunterricht in der Sekundarstufe I, Hannover 2010 [https://www.ekd.de/download/ekd_texte_111.pdf, zuletzt abgerufen: 28.7.2016].

Michalke-Leicht, Wolfgang (Hrsg.): Kompetenzorientiert unterrichten. Das Praxishandbuch für den Religionsunterricht, München ²2013.

Obst, Gabriele: Kompetenzorientiertes Lehren und Lernen im Religionsunterricht, Göttingen ⁴2015.

Ständige Konferenz der Kultusminister der Länder in der Bundesrepublik Deutschland (Hrsg.): Einheitliche Prüfungsanforderungen in der Abiturprüfung Evangelische Religionslehre, Köln 2007 [http://www.kmk.org/fileadmin/Dateien/veroeffentlichungen_beschluesse/1989/1989_12_01-EPA-Ev-Religion.pdf, zuletzt abgerufen: 7.5.2016].
Weinert, Franz E.: Vergleichende Leistungsmessung in Schulen – eine umstrittene Selbstverständlichkeit, in: ders. (Hrsg.): Leistungsmessung in Schulen, Weinheim, Basel ²2002, S. 17–31.

Heterogenität im Religionsunterricht

Gesetz zu dem Übereinkommen der Vereinten Nationen vom 13. Dezember 2006 über die Rechte von Menschen mit Behinderungen sowie zu dem Fakultativprotokoll vom 13. Dezember 2006 zum Übereinkommen der Vereinten Nationen über die Rechte von Menschen mit Behinderungen.
Grasser, Patrick: Inklusion im Religionsunterricht. Vielfalt leben, Göttingen 2014.
Schweiker, Wolfhard: Arbeitshilfe Religion inklusiv. Grundstufe und Sekundarstufe I. Basisband: Einführung, Grundlagen und Methoden, Stuttgart 2012.

Medien im Religionsunterricht

Günther, Niklas und Zankel, Sönke: Unterricht einmal anders. Schüler lernen mit selbsterstellten Erklärvideos, in: Pädagogik 2/2016, S. 12–16.
Lange, Günter: Umgang mit Kunst, in: Adam, Gottfried und Lachmann, Rainer (Hrsg.): Methodisches Kompendium für den Religionsunterricht, Band 1, Göttingen 2002, S. 247–261.
Oberthür, Rainer: Die Symbol-Kartei. 88 Symbol und Erzählbilder für Religionsunterricht und Gruppenarbeit, München ⁴2015.
Schramm, Timm: Die Bibel ins Leben ziehen. Bewährte »alte« und faszinierende »neue« Methoden lebendiger Bibelarbeit, Stuttgart 2003.

Theologische Gespräche führen

Delfos, Martine F.: »Wie meinst du das?« Gesprächsführung mit Jugendlichen, Weinheim ⁶2015.
Prior, Manfred und Winkler, Heike: Minimax für Lehrer. 16 Kommunikationsstrategien mit maximaler Wirkung, Weinheim, Basel ⁵2014.

Leistungen bewerten

Mattes, Wolfgang: Routiniert planen – effizient unterrichten, Braunschweig, Paderborn, Darmstadt ²2007.

Außerschulische Lernorte

Adam, Gottfried: Lernorte außerhalb des Klassenzimmers – Einführung und Überblick, in: Adam, Gottfried, Englert, Rudolf, Lachmann, Rainer und Mette, Norbert (Hrsg.): Didaktik der Kirchengeschichte. Ein Lesebuch, Münster 2008, S. 249–255.
Degen, Roland: »Echt stark hier!« – Kirchenräume erschließen, in: Adam, Gottfried, Englert, Rudolf, Lachmann, Rainer, Mette und Norbert (Hrsg.): Didaktik der Kirchengeschichte. Ein Lesebuch, Münster 2008, S. 231–235.

Görnandt, Ruth: Was ist Kirchenpädagogik?, in: Adam, Gottfried, Englert, Rudolf, Lachmann, Rainer und Mette, Norbert (Hrsg.): Didaktik der Kirchengeschichte. Ein Lesebuch, Münster 2008, S. 236–243.

Rupp, Hartmut (Hrsg.): Handbuch der Kirchenpädagogik. Kirchenräume wahrnehmen, deuten und erschließen, Stuttgart ³2016.

Siedler, Dirk Christian: Religiöse Räume erschließen, in: Adam, Gottfried, Englert, Rudolf, Lachmann, Rainer und Mette, Norbert (Hrsg.): Didaktik der Kirchengeschichte. Ein Lesebuch, Münster 2008, S. 244–248.

Religionsunterricht in der Oberstufe

Kirchenamt der Evangelischen Kirche in Deutschland (Hrsg.): EKD Texte 109, Kerncurriculum für das Fach Evangelische Religionslehre in der gymnasialen Oberstufe. Themen und Inhalte für die Entwicklung von Kompetenzen religiöser Bildung, Hannover 2010 [https://www.ekd.de/EKD-Texte/ekdtext_109.html, zuletzt abgerufen: 7.5.2016].

Sekretariat der Ständigen Konferenz der Kultusminister der Länder in der Bundesrepublik Deutschland (Hrsg.): Vereinbarung zur Gestaltung der gymnasialen Oberstufe in der Sekundarstufe II, Berlin 2013 [http://www.kmk.org/fileadmin/Dateien/veroeffentlichungen_beschluesse/1972/1972_07_07-Vereinbarung-Gestaltung-Sek2.pdf, zuletzt abgerufen: 7.5.2016].

Ständige Konferenz der Kultusminister der Länder in der Bundesrepublik Deutschland (Hrsg.): Einheitliche Prüfungsanforderungen in der Abiturprüfung Evangelische Religionslehre, Köln 2007 [http://www.kmk.org/fileadmin/Dateien/veroeffentlichungen_beschluesse/1989/1989_12_01-EPA-Ev-Religion.pdf, zuletzt abgerufen: 7.5.2016].

Völker, Steffi: Religionsunterricht an berufsbildenden Schulen in Sachsen-Anhalt und Thüringen: eine empirische Studie, Leipzig 2015.

Wermke, Michael, Adam, Gottfried und Rothgangel, Martin (Hrsg.): Religion in der Sekundarstufe II. Ein Kompendium, Göttingen 2006.

Perspektiven erweitern: Religionsunterricht, Schulkultur und Gesellschaft

Heymann, Hans Werner: Es kommt auf jeden an! Schulentwicklung »von unten« und in kleinen Schritten, in: Pädagogik 6/2003, S. 6–9.

Pädagogik: Schulentwicklung – Widersprüche, Problemzonen, Perspektiven, Heft 3/2006.

Biblische Texte verstehen und deuten

Baldermann, Ingo: Einführung in die Bibel, Stuttgart ⁴1993.

Ders.: Einführung in die biblische Didaktik, Darmstadt ⁴2011.

Berg, Horst Klaus: Bibeldidaktik, München, Stuttgart 1993.

Ders.: Bibeldidaktische Leitlinien, in: Adam, Gottfried, Englert, Rudolf, Lachmann, Rainer und Mette Norbert (Hrsg.): Bibeldidaktik. Ein Lesebuch, Münster 2006, S. 129–133.

Cohn, Ruth: Von der Psychoanalyse zur themenzentrierten Interaktion: von der Behandlung einzelner zu einer Pädagogik für alle, Stuttgart ⁴1980.

Nipkow, Karl Ernst: Schule und Religionsunterricht im Wandel. Ausgewählte Studien zur Pädagogik und Religionspädagogik, Heidelberg, Düsseldorf 1971.

Theißen, Gerd: Zur Bibel motivieren. Aufgaben, Inhalte und Methoden einer offenen Bibeldidaktik, Gütersloh 2003.

Zimmermann, Mirjam und Zimmermann, Ruben (Hrsg.): Handbuch Bibeldidaktik, Tübingen 2013.

Ethische Entscheidungssituationen wahrnehmen und begründet handeln

Huber, Wolfgang: Ethik. Die Grundfragen unseres Lebens von der Geburt bis zum Tod, München ²2015.

Religionen in der Gesellschaft: respektvolle Kommunikation – begründete Auseinandersetzung

Haußmann, Werner und Lähnemann, Johannes: Dein Glaube – mein Glaube. Interreligiöses Lernen in Schule und Gemeinde, Göttingen 2005.
Lähnemann, Johannes: Weltreligionen im Unterricht. Eine theologische Didaktik für Schule, Hochschule und Gemeinde, Teil 1, Göttingen ²1994.
Leimgruber, Stephan: Interreligiöses Lernen, München ²2007.
Nipkow, Karl Ernst: Bildung als Lebensbegleitung und Erneuerung. Kirchliche Bildungsverantwortung in Gemeinde, Schule und Gesellschaft, Gütersloh 1990.
Mendl, Hans: Religionsdidaktik kompakt. Für Studium Prüfung und Beruf, München ²2012.
Meyer, Karlo: Lea fragt Kazim nach Gott. Christlich-muslimische Begegnungen in den Klassen 2 bis 6, Göttingen 2006.
Ders.: Weltreligionen. Kopiervorlagen für die Sekundarstufe I, Göttingen ³2015.
Sajak, Clauß Peter (Hrsg.): Trialogisch lernen. Bausteine für interkulturelle und interreligiöse Projektarbeit, Seelze-Velber 2010.
Schambeck, Mirjam: Interreligiöse Kompetenz, Göttingen 2013.
Schreiner, Peter, Sieg, Ursula und Elsenbast, Volker (Hrsg.): Handbuch Interreligiöses Lernen, Gütersloh 2005.
Schweitzer, Friedrich: Interreligiöse Bildung. Religiöse Vielfalt als religionspädagogische Herausforderung und Chance, Gütersloh 2014.
Tworuschka, Udo: Perspektiven einer neuen Islam-Didaktik – vor dem Hintergrund bisheriger Behandlung des Islam in Schulbüchern und Unterrichtsmodellen, in: Lähnemann, Johannes (Hrsg.): Kulturbegegnung in Schule und Studium. Türken – Deutsche, Muslime – Christen, Hamburg 1983, S. 39–55.
Weiße, Wolfram (Hrsg.): Dialogischer Religionsunterricht in Hamburg. Positionen, Analysen und Perspektiven im Kontext Europas, Münster 2008.

Kirche in Geschichte und Gegenwart: historische Erzählungen kennen und hinterfragen

Adam, Gottfried, Englert, Rudolf, Lachmann, Rainer und Mette, Norbert (Hrsg.): Didaktik der Kirchengeschichte. Ein Lesebuch, Münster 2008.

Den Menschen im Blick: Grundfragen des Lebens

Lohse, Timm H.: Das Trainingsbuch zum Kurzgespräch. Ein Werkbuch für die seelsorgerliche Praxis, Göttingen 2006.
Neuschäfer, Reiner Andreas: Das brennt mir auf der Seele. Anregungen für eine seelsorgerliche Schulkultur, Göttingen 2007.

Methoden im Religionsunterricht

Gennerich, Carsten: Narrative Religionsdidaktik: Ansätze, empirische Grundlagen und Entwicklungsperspektiven, in: Theo-Web. Zeitschrift für Religionspädagogik, 11, H. 1, S. 226–247 [http://www.theo-web.de/zeitschrift/ausgabe-2012-01/14.pdf, zuletzt abgerufen: 3.8.2016].

Grethlein, Christian: Methodischer Grundkurs für den Religionsunterricht. Kurze Darstellung der 20 wichtigsten Methoden im Religionsunterricht der Sekundarstufe 1 und 2 mit Beispielen, Leipzig ²2007.

Jacoby, Walter: Intensivtraining Projektmanagement. Ein praxisnahes Übungsbuch für den gezielten Kompetenzaufbau, Wiesbaden 2015.

Neidhart, Walter: Erzählbuch zur Bibel. Theorie und Beispiele, Zürich 1975.

Niehl, Franz W. und Thömmes, Arthur: 212 Methoden für den Religionsunterricht. Neuausgabe, München 2014.

Schulz von Thun, Friedemann: Miteinander reden: 3. Das »innere Team« und situationsgerechte Kommunikation, Reinbek ²⁴2013.

Steinwede, Dietrich: Werkstatt Erzählen. Anleitung zum Erzählen biblischer Texte, Münster 1975.

Troue, Frank: 44+4 Methoden für die Bibelarbeit, München 2013.

Zankel, Sönke: Projektarbeit in den Fächern Geschichte, Politik und Wirtschaft, Schwalbach/Ts. 2017 [noch nicht erschienen].

Guter Religionsunterricht

Helmke, Andreas: Unterrichtsqualität und Lehrerprofessionalität. Diagnose, Evaluation und Verbesserung des Unterrichts, Seelze-Velber 2009.

Göttinger Arbeitsgruppe Lernende (Religions-)Lehrerbildung: Merkmale guten Religionsunterrichts – Göttinger Leitfaden zur Einschätzung von Unterrichtssequenzen, Göttingen 2012 [http://www.uni-goettingen.de/de/76400.html, zuletzt abgerufen: 3.8.2016].

Meyer, Hilbert: Was ist guter Unterricht?, Berlin ⁵2008.